Recettes du paradis

Hajjah Nazihe Adil Kabbani

Publié et annoté par Sonia Shaikh

© Copyright 2008 par l'Institut pour l'avancement spirituel et culturel.

Tous droits réservés. Publié 2008. Publié originalement en anglais 2006.

ISBN: 978-1-930409-53-8

Aucune partie de ce livre ne peut être reproduite ou utilisée sous aucunes forme ou par quelque procédé que se soit, électronique ou mécanique, y compris des photocopies et des rapports ou par aucun moyen de mise en mémoire d'information et de système de récupération sans la permission écrite de l'auteur:

Publié et distribué par:
l'Institut pour l'avancement spirituel et culturel
(Institute for Spiritual and Cultural Advancement)
17195 Silver Parkway, #201
Fenton, MI 48430 USA
Tel: (888) 278-6624
Fax: (810) 815-0518
Email: staff@islamicsupremecouncil.org

imprimé en Amerique par Lightning Source Inc.,
www.lightningsource.com

Dédicace

Ma mère, Hajjah Amina Adil, et ma belle-mère, Hajjah Yousra Kabbani, sont toutes les deux passées dans l'autre monde. Ce sont ces deux femmes qui m'ont appris à cuisiner. À chaque fois que vous cuisinez, veuillez lire la Sourate Fatiha pour Hajjah Amina et Hajjah Yousra. Hajjah Yousra m'a appris à cuisiner tous les plats libanais. Ma belle-mère était très attentionnée et cuisinait les plats préférés de sa famille. Ma mère, l'épouse de Son Excellence Mawlana Cheikh Nazim, m'a appris les devoirs d'une épouse d'un cheikh, y compris comment cuisiner pour un grand nombre de personnes. Ma belle-mère était une excellente hôtesse et accueillait beaucoup de personnes. C'est un honneur pour moi de suivre les pas de ces femmes extraordinaires.

Je souhaiterais exprimer ma sincère gratitude à Sonia Shaikh ainsi qu'à toutes les femmes qui ont aidé dans la cuisine de la zawiya, en particulier Hadieh Khan, pour leur contribution dans la publication de ce livre.

Cordialement,

Hajjah Nazihe Adil Kabbani

Contents

Dédicace 3

À propos de Hajjah Naziha 9

Supplications 40
    Prière (*du'a*) avant de manger 40
    Prière (*du'a*) après avoir mangé 12

Les soupes 43
    La soupe de Fatima az-Zahra 13
    Soupe aux lentilles 45
    Soupe crémeuse au poulet 47
    Soupe aux boulettes de viande et aux nouilles 18
    Soupe aux lentilles brunes et au cumin 23
    Soupe au fromage 25

Les entrées 26
    L'aubergine 26
    Tartinade d'aubergine rôtie 27
    Tartinade de pois chiches 30

Les salades 33
    Hajjah Naziha au service de ses parents 33
    Salade mélangée de tous les jours 34
    Salade verte au pain croustillant avec une vinaigrette à l'ail ... 36
    Salade de tomates et oignons 38
    Salade de concombres au yogourt 39

  Salade russe 40

  Salade de lentilles brunes à l'ail 42

  Salade de haricots blancs et oignons 43

Les haricots 45

  Les bénédictions des invités 45

  Lentilles oranges au cumin 46

  Haricots blancs et carottes 48

Les légumes d'accompagnement 51

  La pureté de Hajjah Naziha 51

  Poireaux et tomates 55

  Okra fris et tomates 54

  Poivrons verts farcis aux graines de coriandre et à l'ail 56

  Carottes, choux de Bruxelles et brocolis 58

  Courgettes à la sauce au yogourt 60

  Aubergines à la sauce au yogourt et à l'ail 62

  Pommes de terre portugaises 64

  Frites maison 65

Le riz 67

  L'avare et le généreux 67

  Riz aux poireaux et aux carottes 68

  Riz pilaf à la viande et aux carottes 70

  Riz pilaf parfait 73

Savoureux chaussons 74

  Le sel et Sayyidina Ibrahim 74

    Triangles aux épinards 79

    Carrés au fromage 83

    Demi-lunes au bœuf 88

    Chaussons à la pâte phyllo au riz au bœuf et aux noix 90

Poulet et poisson..98

    Recommandations lorsqu'on mange avec les enfants 98

    Poulet et pommes de terre.. 99

    Poulet frit 102

    Poulet à l'indonésienne 104

    Poulet au romarin et à l'ail 106

    Saumon avec de la purée de pomme de terre 107

La viande 109

    La Baraka de Hajjah Amina..109

    Gigot d'agneau 110

    Gigot d'agneau aux légumes printaniers 111

    Le plat de Grandcheikh : Bœuf tendre au poivre et aux oignons......................116

    Quenelles à la viande..115

    Raviolis au yogourt...118

    Aubergines farcies à l'agneau...121

    Champignons farcis à la viande hachée 124

    Tomates et poivrons farcis 126

    Courgettes et aubergines farcies 128

    Pain à la viande aux œufs et aux petits pois 130

    Kafta avec des pommes de terre 133

    Viande hachée savoureuse avec des quartiers de tomates 135

    Casserole de spaghettis à la viande hachée..136

    Tourte à la viande et aux pommes de terre 139

    Mijoté de boulettes de viande et épinards 147

    Mijoté de bœuf et haricots plats 145

    Mijoté de bœuf et haricots verts 147

    Molokhiya à la viande..149

    Mijoté de viande aux aubergines 152

Desserts 154

    Le jeune esprit de Hajjah Naziha 157

    Pouding au riz 155

    Pommes et poires au four..157

    Oranges farcies au sorbet à l'orange 159

    Pouding à la noix de coco 161

    Compote d'abricots 163

    Pouding renversé au lait et à l'orange 165

    Gâteau au chocolat 167

    Gâteau roulé 169

    Pouding au lait caramélisé à la poitrine de poulet 171

Boissons 173

    L'eau de Zam Zam 173

    Café arabe...174

كُلُوا وَاشْرَبُوا هَنِيئًا بِمَا كُنتُمْ تَعْمَلُونَ

« En récompense de ce que vous faisiez, mangez et buvez en toute sérénité. »

Le Saint Coran, Sourate at-Tur, 52 :19

À propos de Hajjah Naziha

Hajjah Naziha Adil vient d'une famille unique qui s'est consacrée et se consacre toujours au service d'Allah. Enfant, elle demeurait près de la maison de Grancheikh Abdallah Daghestani ق de la tariqah Naqshbandi. Lorsque Grancheikh Abdallah Daghestani ق décéda, son père devint le Grancheikh de la tariqah. Sa mère est Hajjah Amina Adil, une érudit de l'Islam qui a enseigné et qui a beaucoup écrit sur les vies des Prophètes.

La vie de Hajjah Naziha n'a jamais été facile, mais elle a été remplie d'honneur et de dignité dans le service sous différentes formes. Quand elle avait dix ans, les voyageurs qui venaient voir Grandcheikh Abdallah jetaient leur linge sale par-dessus une barrière, et elle et sa mère, Hajjah Amina le lavaient. Elle aidait aussi sa mère à cuisiner pour le Cheikh et pour les étudiants qui entraient et sortaient de sa maison tous les jours.

Elles travaillaient fort dans la maison de leur Cheikh. Elles ne recevaient ni argent ni remerciement et étaient seulement au service d'Allah ﷻ. Quand Hajjah Naziha avait du temps libre, elle courait à la maison de Grandcheikh Abdallah ق pour écouter ses discours. Avant son décès, Grandcheikh l'a maria à Cheikh Hisham Kabbani.

Hajjah Naziha est descendante du Prophète Mohammed ﷺ, du côté paternel et maternel. Elle a voyagé partout dans le monde, notamment en Europe, au Moyen-orient, en Extrême-Orient et en Alaska avec ses parents et son mari, en faisant le dhikr et en encourageant les gens à revenir à leur spiritualité et à leur origine. Elle a eu la chance d'observer de nombreuses personnes, de nombreuses cultures et des situations personnelles et cela l'a amené à conseiller les femmes partout dans le monde sur différents sujets.

Elle a évolué dans l'entourage de quatre érudits et grâce à son assiduité et à sa présence constante, elle est devenue une érudit et une conseillère. Avant son décès, Grandcheikh Abdallah ق a prédit qu'elle enseignerait les femmes et c'est le cas aujourd'hui. Qu'Allah ﷻ la couvre et couvre toute sa famille de bénédictions infinies et leur accorde une longue vie et une bonne santé.

Supplications

Prière (*du'a*) avant de manger

أَشْهَدُ أَنْ لَا إِلَهَ إِلَّا الله وَأَشْهَدُ أَنَّ مُحَمَّداً عَبْدُهُ وَرَسُولُهُ – أَسْتَغْفِرُ اللهَ العَظِيم 3×

فَإِن تَوَلَّوْا فَقُل حَسْبِيَ اللهُ لَا إِلَهَ إِلَّا هُوَ عَلَيْهِ تَوَكَّلتُ وَهُوَ رَبُّ الْعَرْشِ الْعَظِيم

إِلَى شَرَفِ النَّبِي صَلَّى الله عَلَيه وَ سَلَم وَآلِه وَأَصحَابه الكِرَام، وَإِلَى أَرْوَاح آبَائِنَا وَأُمَّهَاتِنَا وَ حَضْرَةَ أُسْتَاذِنَا

وَأُسْتَاذ أُسْتَاذِنَا وَالصِدِّيقِيين الفَاتِحَة

Ash-hadu an lā ilāha illa-Allāh wa ash-hadu anna Muḥammadan 'abduhu wa-rasūluhu, Astaghfirullāhu 'l-'Aẓīm (3x)

Fa in tawallaw faqul ḥasbīy-Allāhu lā ilāha illa Hūw. 'alayhi tawakaltu wa Hūwa rabbu 'l-'arshi 'l-'aẓīm.

Ila sharafi 'n-Nabī ṣall-Allāhu 'alayhi wa sallam, wa ālihi wa aṣḥābihi 'l-kirām wa ila arwāḥi ābā'inā wa ummuhātinā wa ḥaḍrati ustādhinā wa ustādhi ustādhinā wa 'ṣ-ṣiddīqīyyīn al-fātiḥa.

Je témoigne qu'il n'y a nulle autre divinité qu'Allah et je témoigne que Muhammad ﷺ est le serviteur et le Messager d'Allah;

Je demande pardon à Allah (3x)

« Alors s'ils se détournent, dis : Dieu me suffit. Il n'y a de divinité que Lui. En Lui je place ma confiance ; et Il est le Seigneur du Trône immense. » (9:129)

Nous offrons cette prière au Prophète honoré de Dieu ﷺ, à sa famille et ses compagnons, et aux âmes de nos pères, de nos mères, à nos maîtres vénérés et aux maîtres de nos maîtres et aux véridiques. (Récitez la sourate al-Fatiha).

Prière (*du'a*) après avoir mangé

الحَمْدُ لله الَذِي أَطعَمَنَا وَسَقَانَا وَجَعَلنَا مُسْلِمِين، الحَمْدُ لله حَمْدًا يُوَافِي نِعَمَهُ وَيُكَافِي مَزِيدَهُ كَمَا يَنْبَغِي لِجَلَالِ وَجهِكَ العَظِيمِ يَا اللّه، نِعمَة جَلِيل الله بَرَكَة خَلِيل الله شَفَاعَة يَا رَسُولُ الله، اللَهُمَّ أَكْرِم صَاحِب هَذَا الطَعَام وَالآكِلِين، اللهم زِد وَ لَا تُقَلِل إِلى شَرَفِ النَبِي صَلى الله عَليه وَآلِه وَ سَلَم وَ أَصحَابِه الكِرَام وَ حَضْرَة أُسْتَاذِنَا وَأُستَاذِ أُستَاذِنَا وَالصِدِيقِيين ربنا تقبل منا بحرمة سر سورة الفاتحة.

Alḥamdulillāhi 'lladhī aṭ'amanā wa saqānā wa j'alanā muslimīna. Alḥamdulillāh ḥamdan yuwāfi n'imahu wa yukāfi mazīdahu kamā yanbaghī li-jalāli wajhika 'l-'adhīm yā Allāh, n'ima jalīlullāh, barakat khalīlullāh, shafa'at yā rasūlullāh, Allāhuma 'krim ṣāḥib hadhā-ṭ-ṭ'am wa'l-ākilīn. Allāhuma zid wal ā tuqallil ila sharafi'n-Nabī ṣall-Allāhu 'alayhi wa sallam, wa ālihi wa aṣḥābihi 'l-kirām wa ila arwāḥi ābā'inā wa ummuhātinā wa ḥaḍrati ustādhinā wa ustādhi ustādhinā wa 'ṣ-ṣiddīqīyyīn. Rabbanā taqabbal minnā bi-ḥurmati sirri sūratu'l-fātiḥa.

Louange à Allah qui nous a nourris, qui a étanché notre soif et qui a fait de nous des musulmans.

Louange à Allah, une louange digne de Ses faveurs et qui Lui implore d'accroître Ses faveurs ; une louange qui est digne de la grandeur de Sa Splendeur.

(Accorde-nous) les faveurs du Bien-Aimé d'Allah ﷺ, les bénédictions de l'ami intime d'Allah ﷺ, l'intercession du Messager d'Allah ﷺ. O Allah, honore celui qui a préparé cette nourriture et ceux qui la mangent. O Allah, augmente et ne diminue pas.

Nous offrons cette prière au Prophète Honoré ﷺ, à sa famille et à ses compagnons et aux âmes de nos pères, de nos mères, à nos maîtres vénérés et aux maîtres de nos maîtres et aux véridiques. (Récitez la sourate al-Fatiha).

Les soupes

La soupe de Fatima az-Zahra 🌿

Une histoire racontée par Hajjah Amina, Chypre, mai 2002

Bismillahi ar-Rahman ar-Rahim

Un jour, Uthman bin Affan ؓ invita le Prophète ﷺ à venir manger chez lui le jour suivant. Le Prophète ﷺ lui demanda : « Seulement moi, Uthman ؓ ? » Et Uthman ؓ répondit : Non bien sûr, Ya Rasul Allah ﷺ. Vous et vos compagnons. » Le Prophète ﷺ accepta l'invitation. Le jour suivant, le Prophète ﷺ et ses compagnons se dirigèrent vers la maison de Uthman ؓ. En marchant, le Prophète ﷺ réalisa que Uthman ؓ marchait derrière lui. Le Prophète ﷺ demanda : « Que fais-tu ? » Uthman ؓ répondit : « Je compte vos pas, Ya Rasul Allah. ﷺ Pour chacun de vos pas, je promets que je délivrerai un esclave. Un pas pour un homme et un autre pas pour une femme. Et je donnerai également 100 000 pièces d'or comme sadaqa. »

Sayyidina Ali ؓ qui s'était joint au dîner avec le Prophète ﷺ rentra chez lui chagriné et triste. Son épouse bienveillante, Fatima ؓ lui demanda : « Pourquoi es-tu si triste ? » Et il lui raconta ce que Uthman ؓ avait fait et combien lui aussi il aimerait faire la même chose. Elle lui dit : « Fais la même chose, invite le Prophète ﷺ demain. » Ali ؓ lui répondit : « Comment peut-on l'inviter alors que nous sommes si pauvres ? Nous n'avons pas assez de nourriture. » Fatima ؓ répondit :

« Ne t'inquiète pas, invite-le, Allah ﷻ nous enverra assez de nourriture. » Ali ؓ dit : « Non je ne peux pas faire une telle chose, tu es sa fille. Toi, tu l'invites et tu en prends la responsabilité. Fatima ؓ accepta.

Le jour suivant, Ali ؓ alla voir le Prophète ﷺ et lui dit que sa fille l'invitait à dîner. Le Prophète ﷺ demande à Ali ؓ : « Seulement moi, Ali ؓ ? » Et Ali ؓ répondit : « Non bien sûr, Ya Rasul Allah ﷺ. Vous et vos compagnons êtes les bienvenus. Le Prophète ﷺ accepta l'invitation. Ce jour là, Fatima ؓ commença à cuisiner. Elle prit une grande casserole et la remplit d'eau. Elle remua l'eau tout en priant. Tout doucement, différentes sortes de nourriture commencèrent à remplir la casserole : de la viande, des légumes, du riz, etc. Et l'eau se transforma en une soupe épaisse et délicieuse.

Le Prophète ﷺ se dirigea vers la maison de sa fille accompagné par des centaines de ses compagnons. Ali ؓ marchait derrière le Prophète ﷺ en comptant ses pas. Quand ils arrivèrent à la maison de Fatima ؓ, le Prophète ﷺ demanda à ses compagnons d'entrer par groupes de dix, car ils ne pouvaient pas tous entrer dans la petite maison. Dix par dix, ils commencèrent à entrer dans la maison et à se servir de la soupe. Jusqu'à trente groupes de dix mangèrent la soupe et il en restait encore.

Fatima ؓ nourrit ses invités, ses voisins et presque tout le village. Et il restait encore de la soupe dans la casserole.

Quand tout le monde eut mangé une fois, deux fois et même trois fois et qu'elle fut certaine que tout le monde était rassasié, Fatima ؓ alla dans sa chambre. Elle pria et remercia Allah pour Sa générosité et Sa miséricorde. Elle demanda pour que chaque pas que le Prophète ﷺ a entrepris en venant chez elle, qu'Allah ﷻ libère et sauve une personne des feux de l'Enfer, un pas pour un homme et un pas pour une femme. Alhamdoulillah.

Soupe aux lentilles
Shorbat al-'Adas
Moyen-Orient

C'est une soupe savoureuse et nourrissante, car elle est riche en protéines et peut être servie comme un repas complet, elle est délicieuse les soirs d'hiver. La soupe aux lentilles est servie aux étudiants durant la retraite spirituelle de quarante jours et elle est accompagnée de pain et d'olives.

Ingrédients
4 tasses de lentilles oranges sèches

Note : Ces lentilles ont une couleur rouge orangé. On les trouve dans les épiceries spécialisées ; on les appelle « Masoor Dal » dans les épiceries indiennes ou « 'Addas Majroosh » dans les épiceries arabes.

1 tasse de riz à grain court
4 cuillerées à soupe d'huile d'olive
20 tasses d'eau
2 gros oignons jaunes
½ tasse d'huile de maïs
½ tasse de jus de citron
4 cuillerées à soupe de sel

Note : Pour 2 tasses de lentilles, utilisez ½ tasse de riz.

Préparation

1. Lavez les lentilles, enlevez les débris et rincez-les.
2. Dans une casserole à soupe, amenez à ébullition à feu élevé les lentilles, le riz, 1 cuillerée à soupe d'huile d'olive et l'eau.
3. Après ébullition, réduisez à feu moyen et laissez mijoter en enlevant l'écume qui se forme. Faites cuire jusqu'à ce que les lentilles se désintègrent et que le riz soit complètement cuit.
4. Coupez finement les oignons
5. Dans une poêle, chauffez l'huile de maïs et les 3 cuillerées d'huile d'olive restantes. Une fois que l'huile est chaude, ajoutez les oignons coupés et faites cuire jusqu'à ce qu'ils soient bruns dorés, remuez de temps en temps. Ajoutez les oignons ainsi que le jus de cuisson dans la soupe. Ajoutez le jus de citron et le sel. Amenez à ébullition à feu moyen-élevé. Réduisez le feu et laissez mijoter 5 minutes à feu doux.
6. Versez la soupe dans un plat de service et servez chaud.

Pour 8-10 personnes

Soupe crémeuse au poulet
Cremali Tawouk Chorbasi
Turquie

<u>Ingrédients</u>
2 blancs de poulet
4 cuillerées à thé de sel
1 cuillerée à thé de poivre blanc
10 tasses d'eau
1 œuf
12 cuillerées à soupe de yogourt
1 cuillerée à soupe de farine
1 tasse de labneh
2 cuillerées à soupe de beurre

<u>Préparation</u>
1. Rincez les blancs de poulet et coupez-les en fines lanières. Mettez le poulet, le sel et ½ cuillerée à thé du poivre dans une casserole ; ajoutez l'eau et amenez à ébullition.
2. Lorsque le poulet est cuit, enlevez-le du bouillon en utilisant une cuillère à égoutter et laissez refroidir. Effilochez le poulet avec vos doigts et mettez de côté.
3. Prélevez 7 tasses du bouillon en laissant une petite quantité dans la casserole et mettez-les de côté. Retirez le dépôt au fond dans la casserole.
4. Dans un bol, battez les œufs et ajoutez le yogourt, la farine, le labneh et 2 tasses du bouillon. Passez le mélange dans un tamis, versez-le dans une casserole propre et ajoutez les 5 tasses de bouillon restantes. Amenez à ébullition à feu élevé le mélange. Ajoutez les lanières de poulet et le beurre ; laissez mijoter 2 minutes.
5. Versez la soupe dans un plat de service et servez chaud.

Pour 4-6 personnes

Soupe aux boulettes de viande et aux nouilles
Shorbat al-Kafta bi Sha'riyyah
Liban

Ingrédients
Boulettes de viande :
1 oignon moyen
1 bouquet de persil (1 tasse)
1lb de viande hachée
2 cuillerées à thé de sel
1 cuillerée à thé de poivre
1 cuillerée à thé de cannelle
½ tasse d'huile de maïs (pour la friture)

Bouillon :
7 cuillerées à soupe de pâte de tomate
13 tasses d'eau
8 oz de vermicelles
5 cuillerées à thé de sel
½ tasse de jus de citron
2 cuillerées à thé de cannelle

Préparation
1. Coupez finement l'oignon ; lavez et hachez le persil.
2. Dans un bol, mélangez l'oignon, le persil, la viande hachée, le sel, le poivre et la cannelle. Incorporez bien tous les ingrédients et laissez mariner pendant 10 minutes.
3. Utilisez l'équivalent d'1 cuillerée à thé de viande pour former les boulettes de ¾ po de diamètre.
4. Faites chauffer l'huile dans une casserole à soupe à feu moyen-élevé. Ajoutez les boulettes de viande et faites cuire jusqu'à ce qu'elles soient d'une couleur brun doré, remuez de temps en temps afin qu'elles colorent uniformément ; retirez les boulettes de viande et mettez-les de côté.

5. Ajoutez la pâte de tomate dans la casserole. Versez l'eau et amenez à ébullition. Coupez les vermicelles, environ 1 pouce de longueur et ajoutez-les dans le mélange. Incorporez les boulettes, le sel, le jus de citron et la cannelle.
6. Laissez mijoter la soupe pendant 15 minutes ou jusqu'à ce que les vermicelles soient tendres.
7. Versez la soupe dans un plat de service et servez chaud.

Pour 6 personnes

Soupe aux tortellini
Pilmeen
Russie

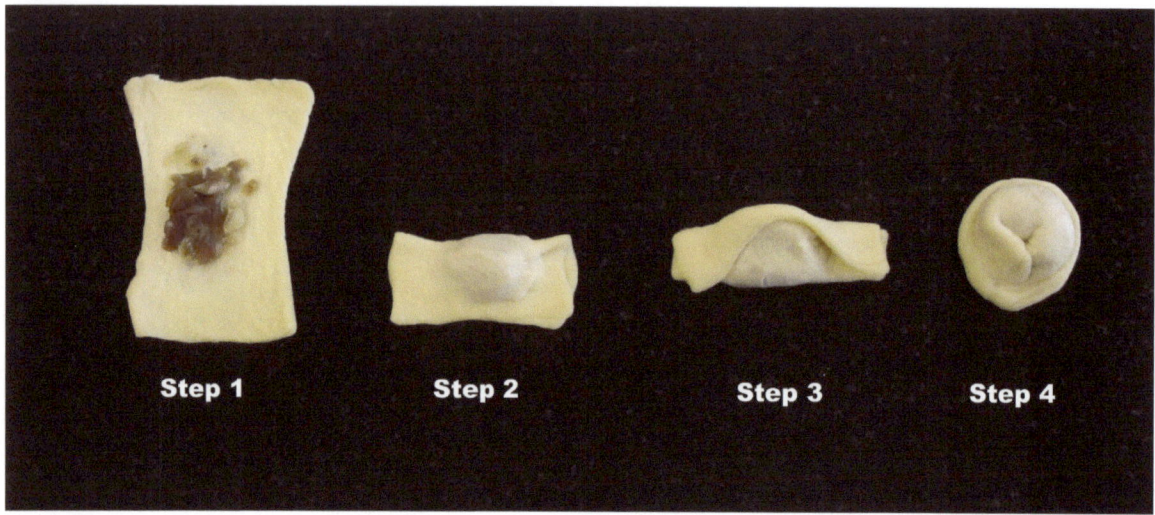

Ingrédients
Pâte :
1 gros œuf
1 ¼ tasse d'eau
½ cuillerée à thé de sel
4 tasses de farine

Garniture :
1 oignon moyen
1 lb de viande hachée
2 cuillerées à thé de sel
1 cuillerée à thé de poivre noir

Bouillon :
3 cuillerées à soupe de beurre

½ oignon moyen
5 cuillerées à soupe de pâte de tomate
11 tasses d'eau
4 petits cubes de bouillon de viande ou de poulet

Préparation
1. Pour la pâte, battez ensemble les œufs, l'eau et le sel
2. Note : L'œuf va permettre de lier la pâte.
3. Ajoutez 4 tasses de farine tamisée. Pétrissez avec vos mains ou avec un mélangeur pour pâte. Lorsque la pâte est ferme et qu'elle a la consistance du lobe de l'oreille, mettez-la en boule et couvrez-la avec un bol et laissez reposer 5 minutes.
4. Déroulez la pâte doucement avec vos mains et formez une bûche. Coupez la pâte en deux ; réservez l'autre moitié et couvrez-la. Sur une surface de travail légèrement farinée, abaissez la pâte jusqu'à 1/16 po d'épaisseur.
5. Une fois que la pâte est abaissée, utilisez une règle et faites des marques de 1 ¼ po tout le long de la pâte, verticalement. À l'aide d'un couteau, coupez horizontalement à l'endroit où vous avez marqué la pâte et faites des lanières de 1 ¼ po d'épaisseur. Sur chaque lanière, marquez des intervalles de 1 ¼ po. À l'aide d'un couteau, coupez ces lanières afin d'obtenir des carrés de 1 ¼ po. Faites la même chose avec l'autre moitié de la pâte. Couvrez les carrés avec un tissu.
6. Pour la garniture, coupez l'oignon finement et incorporez-le à la viande hachée ; ajoutez le sel et le poivre. Mélangez bien avec les mains.
7. Utilisez la moitié des carrés de pâte et gardez l'autre moitié couverte. Au centre de chaque carré, étalez ¼ de cuillerée à thé de la garniture à la viande. Ensuite, pliez chaque carré afin de former un rectangle. Pressez les côtés pour bien sceller. Pliez le rectangle et joignez ces deux extrémités afin de former une bague. Pressez les extrémités pour bien sceller. Faites la même chose avec l'autre moitié des carrés de pâte.
8. Pour le bouillon, faites fondre le beurre. Coupez l'oignon finement et faites-le revenir dans le beurre jusqu'à ce qu'il soit doré et translucide ; incorporez la pâte de tomate. Ajoutez l'eau ainsi que les cubes de bouillon de poulet et le sel. Amenez à ébullition à feu élevé.

9. Ajoutez les tortellini « peel meen » un à la fois ; couvrez et amenez à ébullition. Réduisez le feu à moyen-doux et laissez mijoter 20 minutes à découvert ou jusqu'à ce que les « peel meen » flottent à surface.
10. Mettez dans un plat de service, servez chaud avec du yogourt, du sumac et du pain.

Pour 4 personnes comme plat principal.
Pour 6 personnes comme entrée.

Soupe aux lentilles brunes et au cumin
Shorbat al-'Adas al-Aswad
Liban

C'est une soupe délicieuse et nourrissante que la mère de Mawlana Cheikh Hisham, Hajjah Yousra, préparait souvent durant le mois du Ramadan. Servie avec la salade Fettoush, elle fait un excellent plat d'accompagnement.

Ingrédients
4 tasses de lentilles brunes
¼ tasse de riz
8 tasses d'eau
7 cuillerées à thé de sel
8 cuillerées à thé de cumin en poudre
1 oignon moyen
¼ tasse d'huile de maïs
½ bouquet de persil (1/2 tasse) (Pour décorer)

Préparation
1. Lavez les lentilles, enlevez les débris. Mettez les lentilles dans la casserole et couvrez-les d'eau ; au moins 2 po. Amenez à ébullition à feu élevé ; enlevez l'écume qui se forme. Réduisez le feu à moyen-doux et laissez mijoter 20-30 minutes ou jusqu'à ce que les lentilles soient tendres.
2. Égouttez les lentilles en plaçant un bol sous la passoire afin de garder le liquide. Placez dans un mélangeur ou dans un robot culinaire les lentilles égouttées avec un peu de liquide. Si vous utilisez un mélangeur, procédez par petites quantités et broyez jusqu'à ce que le mélange soit lisse. Le mélange doit avoir la consistance d'un lait fouetté.
3. La méthode du moulin à légumes
4. Placez les lentilles, en petites quantités, dans un moulin à légumes placé au dessus de la casserole à soupe. Le moulin doit presser la chair des lentilles et laisser passer la pulpe dans la casserole. Après avoir fini d'écraser les lentilles, enlevez la chair des lentilles

collée sur la grille afin d'y ajouter les lentilles restantes. Une fois toutes les lentilles pressées, ajoutez une tasse d'eau au moulin pour enlever les lentilles qui seraient restées collées.

La méthode de la passoire fine
1. Placez une passoire fine sur la casserole à soupe. À l'aide du dos d'une cuillère, écrasez ½ tasse de lentilles à la fois. Après avoir écrasé les lentilles dans la passoire, enlevez la chair des lentilles collée sur la passoire afin d'y ajouter les lentilles restantes. Une fois toutes les lentilles pressées, ajoutez une tasse d'eau à la passoire pour enlever les lentilles qui seraient restées.
2. Ajoutez 6 tasses d'eau dans la casserole ainsi que 6 cuillerées à thé de sel et le cumin en poudre. Ajoutez le riz, remuez souvent afin d'éviter que le riz ne colle dans la casserole. Amenez à ébullition à feu élevé, ensuite réduisez le feu à moyen-doux et laissez mijoter pendant 15 minutes ou jusqu'à ce que le riz soit tendre.
3. Coupez finement l'oignon et faites-le revenir dans l'huile de maïs à feu moyen jusqu'à ce qu'il soit translucide. Versez les oignons et le jus de cuisson dans la soupe. Amenez à ébullition à feu élevé ; réduisez le feu et laissez mijoter à feu doux.
4. Hachez le persil.
5. Versez la soupe dans des bols et décorez avec le persil ; servez chaud.

Pour 4-6 personnes

Soupe au fromage
Shorbah bil-Jibn
Liban

Ingrédients
1 petit oignon
2 poivrons verts
1 branche de céleri
2 carottes
¼ tasse de beurre
¼ tasse de farine
3 ½ tasses de bouillon de poulet
3 tasses de fromage cheddar râpé
1 ½ tasse de lait
1 cuillerée à thé de sel
½ cuillerée à thé de poivre noir
Persil (Pour décorer)

Préparation
1. Coupez l'oignon, les poivrons, le céleri et les carottes. Dans une poêle, faites fondre le beurre à feu moyen. Ajoutez les légumes coupés et faites cuire pendant 8 à 10 minutes.
2. Ensuite, ajoutez la farine et mélangez bien.
3. Ajoutez le bouillon de poulet ; remuez jusqu'à ce que le mélange épaississe.
4. Retirez du feu. Ajoutez le fromage et mélangez bien jusqu'à ce que le fromage fonde. Ajoutez le lait, le sel et le poivre au goût. À l'aide d'un mélangeur à main, réduisez en purée la soupe jusqu'à ce qu'elle soit lisse. Vous pouvez aussi utiliser un robot culinaire ou un mélangeur ; assurez-vous de procéder par petites quantités.
5. Remettez la soupe sur le feu et laissez mijoter quelques minutes.
6. Versez la soupe dans des bols et décorez avec le persil.

Pour 6 personnes

Les entrées

L'aubergine

Lors du voyage et l'ascension nocturne, Al Isra wal Miraj, le Prophète (paix et bénédiction sur lui) a vu l'aubergine sous le 'Arsh, le Trône Divin. L'aubergine possède donc une énergie spéciale. Lorsqu'une personne mange l'aubergine avec l'intention de recouvrer la santé, sa prière sera exaucée, Inch Allah. Si au moment de manger l'aubergine une personne dit : « Je serai guéri. », elle sera guérie. Et si elle dit au contraire : « Je serai malade », elle sera malade. Les bienfaits de ce légume dépendent de l'intention que la personne formule avant de le manger, car l'aubergine possède une énergie puissante.

Tartinade d'aubergine rôtie
Baba Ghannouche
Liban

Coupez les tiges des aubergines (voir la photo à droite)

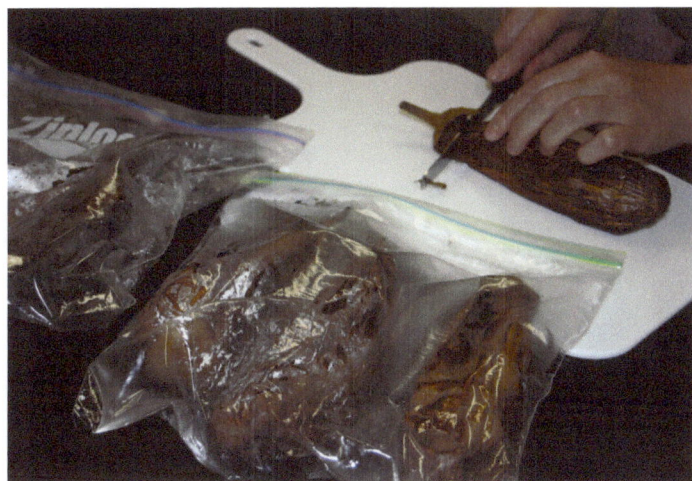

Retirez la chair amère de l'aubergine (voir la photo à gauche)

Ingrédients

3 aubergines larges ou 6 petits aubergines
4 cuillerées à soupe de tahini (disponible dans les épiceries méditerranéennes)
¼ tasse de jus de citron
4 gousses d'ail
2 cuillerées à thé de sel
½ cuillerée à thé de cumin en poudre
½ cuillerée à thé de paprika
½ bouquet de persil (½ tasse)
3 cuillerées à thé d'huile d'olive

Préparation
1. Préchauffez le four à 400 F
2. Piquez au préalable les aubergines et faites-les cuire à découvert pendant 1 ½ heure en les tournant de temps en temps jusqu'à ce qu'elles soient cuites uniformément et tendres. Retirez-les du four ; laissez refroidir légèrement. Placez les aubergines dans un sac de plastique refermable pendant 15 minutes afin de séparer la pulpe de la chair amère de l'aubergine. Fermez le sac. Retirez les aubergines et coupez les tiges (voir la photo). Placez les aubergines une à la fois dans un sac refermable, le bout coupé vers l'ouverture du sac. Pressez l'aubergine afin de retirer la pulpe (voir la photo), jetez la peau et répétez l'opération jusqu'à ce que toute la pulpe de l'aubergine soit enlevée et mettez-la dans le mélangeur.
3. Note : Si vous utilisez les aubergines larges, pressez la pulpe dans un bol, séparez et retirez le plus de pépins possible. Placez la pulpe dans le mélangeur.
4. Mélangez la pulpe de l'aubergine, le tahini, le jus de citron, l'ail et le sel jusqu'à ce que le mélange soit épais et lisse.
5. Versez dans un plat de service ; saupoudrez de cumin et de paprika, décorez avec du persil et de l'huile d'olive (voir la photo). Servez à la température ambiante ou frais.

Pour 4-6 personnes

Tartinade de pois chiches
Hummous
Liban

Ingrédients
2 tasses de pois chiches séchés (trois boîtes de conserve de 15 oz)
1 cuillerée à thé de bicarbonate de soude
¾ tasse de jus de citron
3 gousses d'ail
1 cuillerée à thé de sel
½ tasse de tahini
½ cuillerée à thé de cumin en poudre
½ cuillerée à thé de chili en poudre ou de paprika
½ bouquet de persil (½ tasse)
3 cuillerées à thé d'huile d'olive

Préparation
1. Dans un grand bol, mettez les pois chiches, la bicarbonate de soude et suffisamment d'eau chaude pour couvrir les pois chiches d'au moins 2 po. Faites tremper les pois chiches toute une nuit ; égouttez et bien rincer.
2. Note : Si vous utilisez les pois chiches en conserve, amener à ébullition les pois chiches avec de l'eau fraîche afin d'enlever le goût métallique et atténuer les gaz intestinaux qu'ils peuvent causer ; égouttez et bien rincer. Amenez à ébullition les pois chiches une deuxième fois ; retirez rapidement. Égouttez et rincez-les avec de l'eau froide ; réservez 1 tasse du liquide. Passez à l'étape 3.
3. Dans une casserole, couvrez les pois chiches d'au moins 3 po d'eau froide et amenez-les à ébullition à feu moyen-élevé. Laissez mijoter environ 1 heure ou jusqu'à ce qu'ils soient tendres, en enlevant l'écume qui se forme. Égouttez et réservez 1 tasse du liquide.
4. Mettez les pois chiches dans un mélangeur ou dans un robot culinaire qui possède une lame en métal ; mélangez jusqu'à ce que le mélange soit lisse. Ajoutez l'eau réservée, le jus de citron, l'ail écrasé et le tahini ; mélangez jusqu'à ce que le hummous ait la consistance d'une pâte.

5. Versez le hummous dans un plat creux ; décorez avec le cumin, le paprika, le persil haché et de l'huile d'olive. Servez à la température ambiante ou frais.

Pour 6-8 personnes

Tartinade de pois chiches avec de la viande hachée
Hummos bil-lahm
Liban

Ingrédients
Hummous (voir la recette précédente)
1 petit oignon
½ livre de viande hachée
1 cuillerée à thé de sel
½ cuillerée à thé de poivre
½ cuillerée à thé de cannelle
2 cuillerée à soupe de beurre
¼ tasse de noix de pin

Préparation

1. Coupez finement l'oignon et faites-le revenir avec la viande hachée à feu moyen. Ajoutez le sel, le poivre et la cannelle.
2. Dans une casserole, faites fondre le beurre ; en remuant fréquemment, faites dorer les noix de pin. Ajoutez les noix dorés et le beurre dans la viande et faites cuire quelques minutes.
3. Versez dans un plat de service et servez avec le hummous préparé. Servez à la température ambiante.

Pour 6-8 personnes

Les salades

Hajjah Naziha au service de ses parents

Dès son jeune âge, Hajjah Naziha était au service de sa mère Son Éminence Hajjah Amina Adil (Qu'Allah élève son âme de plus en plus haut). Hajjah Amina (qs) et Hajjah Naziha servaient aux gens qui allaient au Hajj (pèlerinage) des tomates et des concombres, du zattar et de l'huile d'olive, du fromage, du pain et des œufs. Elles servaient le petit-déjeuner aux 40-60 personnes qui allaient faire le pèlerinage avec Mawlana Cheikh Nazim. Avant de commencer le pèlerinage, Mawlana Cheikh Nazim et ses disciples visitaient de nombreux maqams (lieux saints) à Damas. Ils visitaient les Ahl el-Bayt, la famille du Prophète Mohammed ﷺ, ses filles et ses petits-enfants et Bilal ؓ et plusieurs autres endroits et ils rendaient visite en particulier à Sayyida Zainab ؓ. Ils visitaient également, le Maqam al-Arba'een (le lieu des quarante saints), le Ashab-al-Kahf (Les compagnons de la Caverne) et le Mugharat ad-Dem (La Caverne du Sang, où Caïn tua Abel).

Salade mélangée de tous les jours
Salata
Méditerranéen

Ingrédients
1 laitue romaine moyenne
1 concombre
2 tomates moyennes
1 poivron vert
½ tasse de persil frais
2 oignons verts

2 branches de céleri (facultatif)
1 cuillerée à thé de sel
¼ tasse de jus de citron ou de vinaigre
¼ tasse d'huile d'olive

<u>Préparation</u>
1. Coupez la laitue en lanières de ½ po. Pelez le concombre. Coupez le concombre et les tomates en cubes de ¾ po, et coupez les poivrons verts en morceaux de ¾ po.
2. Hachez le persil. Coupez les oignons verts et le céleri en morceaux de ¼ po.
3. Mélangez les légumes dans un bol à salade. Dans un bol séparé, mélangez le sel, le jus de citron (ou le vinaigre) et l'huile d'olive. Mélangez les légumes.
4. Servez à la température ambiante.

Pour 4-6 personnes

Salade verte au pain croustillant avec une vinaigrette à l'ail
Fettoush
Liban

Ingrédients
1 pain pita
1 laitue romaine
2 tomates
1 concombre
2-3 oignons verts
1/3 du bouquet de persil (1/3 tasse)

1/3 tasse d'huile d'olive
1/3 tasse de jus de citron
2 gousses d'ail
¼ cuillerée à thé de sel
1 cuillerée à thé de sumac
1 cuillerée à soupe de menthe séchée

Préparation
1. Coupez le pain pita en carrés de ¾ po. Mettez-le sous le gril et faites-le griller des deux côtés ou faites frire jusqu'à ce qu'il soit brun doré.
2. Note : Le pain grillé à la consistance des croûtons. Si il est frit, le pain absorbe l'huile et rend la salade plus lourde, mais plus goûteuse.
3. Coupez finement la laitue et les tomates. Pelez et coupez le concombre. Émincez finement les oignons verts et hachez le persil. Mélangez dans un bol.
4. Dans un bol séparé, mélangez l'huile d'olive, le jus de citron, l'ail, le sel, le sumac et la menthe.
5. Avant de servir, incorporez la vinaigrette dans la salade avec la moitié du pain. Ajoutez le pain restant au-dessus. Il est important d'ajouter le pain juste avant de servir afin d'éviter qu'il ne ramollisse.

Pour 4-6 personnes

Salade de tomates et oignons
Salatet Benadura

Lebanon

Ingrédients
3 grosses tomates ou 9 petites tomates
1 gros oignon
4 cuillerées à soupe de persil
1 cuillerée à soupe de sel
¼ tasse d'huile d'olive

Préparation
1. Coupez finement les tomates et l'oignon ; hachez le persil.
2. Dans un bol, mélangez les tomates, l'oignon, le persil, le sel et l'huile d'olive ; servez à la température ambiante.

Pour 4-6 personnes

Salade de concombres au yogourt
Salatet el-laban bil-khiyyar
Moyen-Orient

Ingrédients
3 petits concombres
2 lbs de yogourt nature (4 tasses)
½ cuillerée à thé de sel
1 cuillerée à soupe de menthe séchée

Préparation
1. Pelez le concombre et coupez-le en cubes de ¼ po ; écrasez la menthe séchée.
2. Dans un bol, mélangez les concombres, le yogourt, le sel et la menthe ; servez frais.

Pour 4-6 personnes

Salade russe
Russie

Ingrédients
Vinaigrette :
6 cuillerées à soupe d'huile d'olive
2 cuillerées à soupe de vinaigre
¼ cuillerée à thé de sel
½ cuillerée à thé de poivre
3 gousses d'ail
½ tasse de mayonnaise

Salade :
1 tasse de carottes en cubes
1 tasse de pommes de terre en cubes
1 tasse de betteraves en cubes fraîches ou en conserve
½ tasse d'haricots verts coupés frais ou en conserve
½ tasse de petits pois congelés

Préparation
1. Pour la vinaigrette, mélangez l'huile, le vinaigre, le sel, le poivre et l'ail dans un petit bol. Mélangez bien. Réservez.
2. Si vous utilisez les betteraves en conserve, égouttez et coupez. Si vous utilisez les haricots verts en conserve, rincez et passez à l'étape 3. Si vous utilisez des betteraves fraîches, nettoyez-les. Mettez-les dans une casserole et couvrez-les d'eau. Amenez à ébullition à feu élevé. Réduisez à feu moyen, et laissez mijoter à moitié découvert pendant 45 minutes, ou jusqu'à ce que les betteraves soient tendres. Égouttez et laissez refroidir. Pelez et coupez-les en cubes. Si vous utilisez des haricots verts frais, lavez-les. Amenez l'eau à ébullition à feu élevé. Ajoutez les haricots verts et faites cuire pendant 7 minutes. Égouttez et laissez refroidir. Coupez-les en morceaux de ½ po.
3. Amenez l'eau à ébullition à feu élevé. Ajoutez les carottes et les pommes de terre ; faites cuire pendant 7 minutes. Ajoutez les petits pois ; laissez mijoter le mélange de légumes 2

minutes. Égouttez. Incorporez la vinaigrette sur tous les légumes et mélangez délicatement et réservez pendant une heure.
4. Égouttez la vinaigrette et retirez les gousses d'ail. Ajoutez la mayonnaise aux légumes ; mélangez bien.
5. Disposez dans un plat de service. Servez à la température ambiante ou frais.

Pour 4 personnes

Salade de lentilles brunes à l'ail
Salatet el-'adas bil-hamud
Liban

Ingrédients

1 lb de lentilles brunes (2 tasses)
Note : Ces lentilles sont disponibles partout. On les appelle « Addas Aswad » dans les épiceries arabes.
½ bouquet de persil (1/2 tasse)
5-6 gousses d'ail
1 tasse de jus de citron
1 tasse d'huile d'olive
3 cuillerées à thé de cumin en poudre
1 ½ cuillerée à thé de sel

Préparation
1. Pendant 15 minutes, faites tremper les lentilles dans l'eau et couvrez-les d'au moins 2 po d'eau; rincez et égouttez.
2. Amenez les lentilles à ébullition à feu moyen-élevé ; couvrez-les d'au moins 3 po d'eau; enlevez l'écume qui se forme. Laissez les lentilles mijoter pendant 15 minutes ou jusqu'à ce qu'elles soient tendres, car le temps de cuisson varie ; égouttez et rincez immédiatement avec de l'eau froide.
3. Hachez le persil et écrasez l'ail. Dans un bol, mélangez les lentilles, le persil, l'ail, le jus de citron, l'huile d'olive, le cumin et le sel.
4. Servez-les légèrement tièdes ou fraîches avec du pain pita, des petits oignons et des feuilles de menthe fraîche.

Pour 4-6 personnes

Salade de haricots blancs et oignons
Fasulye Sachta
Chypre

Ingrédients
1 ½ lb d'haricots blanc (24 oz)
1 cuillerée à soupe de bicarbonate de soude
½ bouquet de persil (1/2 tasse)

1 oignon moyen
½ tasse de jus de citron
1 tasse d'huile d'olive
2 cuillerées à thé de sel

Préparation
1. Dans un grand bol, mettez les haricots, la bicarbonate de soude et couvrez-les d'au moins 2 po d'eau. Laissez tremper toute la nuit ; égouttez et rincez.
2. Amenez les lentilles à ébullition à feu moyen-élevé ; couvrez-les d'au moins 3 po d'eau. Laissez mijoter pendant 15-30 minutes ou jusqu'à ce qu'ils soient tendres ; enlevez l'écume qui se forme. Égouttez et rincez avec de l'eau froide.
3. Hachez le persil et l'oignon. Dans un bol, mélangez les haricots, le persil, l'oignon, le jus de citron, l'huile d'olive et le sel. Servez à la température ambiante.

Pour 4-6 personnes

Les haricots

Les bénédictions des invités

« *Ad-Daif Daifullah* » est un dicton arabe qui veut dire « Les invités sont les invités de Dieu ». Celui qui reçoit est élevé, car c'est une responsabilité donnée par le Divin. De plus, recevoir est une source de bénédictions. Son Éminence Mawlana Cheikh Nazim ne mange jamais seul. Les invités viennent avec leurs provisions (*rizq*) et leurs bénédictions. Alors, quiconque reçoit un invité recevra de la *baraka* (des bénédictions) laquelle restera dans sa maison pendant quarante jours. Les provisions et la nourriture de l'hôte seront bénies. Son Éminence Hajjah Amina, l'épouse de Son Éminence Mawlana Cheikh Nazim disait : « Comment Allah ﷻ pourrait-il ne pas nous accorder des bénédictions ? Nous avons toujours tellement d'invités. »

Lentilles oranges au cumin
M'Jaddarah
Liban

Ingrédients
1 oignon moyen
½ tasse d'huile de maïs
¼ tasse d'huile d'olive
8 ¼ tasses d'eau
4 tasses de lentilles oranges

Note : Ces lentilles ont une couleur rouge orangé. On les trouve dans les épiceries spécialisées ; on les appelle « *Masoor Dal* » dans les épiceries indiennes ou « *'Addas Majroosh* » dans les épiceries arabes.

½ tasse de riz à grains court
5 cuillerées à thé de sel
Cumin en poudre (Pour décorer)

Préparation
1. Coupez finement l'oignon
2. Dans une grande casserole, faites chauffer l'huile de maïs et l'huile d'olive, ajoutez l'oignon et faites-le revenir jusqu'à ce qu'il soit brun doré.

Note : L'oignon est bruni afin d'apporter un goût riche et une couleur sombre au bouillon.

3. Ajoutez 8 tasses d'eau et amenez à ébullition à feu moyen-élevé. Laissez mijoter pendant cinq minutes ou jusqu'à ce que l'eau devienne foncée. Ce bouillon absorbe la couleur et le goût des oignons brunis. Retirez le bouillon du feu et passez-le dans une passoire fine au-dessus d'un bol afin d'enlever l'oignon. Voir la photo.
4. Remettez le bouillon dans la casserole. Rincez les lentilles. Rincez le riz. Ajoutez les lentilles, le riz et le sel dans le bouillon. Couvrez la casserole et amenez de nouveau à ébullition à feu élevé. Enlevez le couvercle de la casserole. Mettez le feu à doux et laissez mijoter en remuant fréquemment pendant 20-30 minutes jusqu'à ce que le mélange ait la consistance d'une pâte épaisse.

Note : Si le mélange colle dans la casserole ou si le riz n'est pas cuit, ajoutez graduellement de l'eau froide, ¼ tasse à la fois. Cela évite d'avoir un mélange fin et liquide

5. Versez dans un plat de service et décorer avec le cumin.
6. Servez à la température ambiante.

Pour 4-6 personnes

Haricots blancs et carottes
Zeytinyagli Quru Fasulye
Turquie

Cette recette vient de Hajjah Zahra, la sœur de Mawlana Cheikh Nazim, donc la tante de Hajjah Nazihe.

Ingrédients
1 ½ lb d'haricots blancs séchés (24 oz)
1 cuillerée à thé de bicarbonate de soude
¼ tasse d'huile de maïs
½ tasse d'huile d'olive
1 oignon moyen
5 carottes
1 cuillerée à soupe de pâte de tomate
4 cuillerées à thé de sel
¼ cuillerée à thé de sucre
3 tasses d'eau
¼ tasse de persil (Pour décorer)
Jus de citron (Pour décorer)

Préparation
1. Dans un grand bol, mettez les haricots, la bicarbonate de soude et couvrez-les d'au moins 2 po d'eau. Laissez tremper toute la nuit ; égouttez et rincez.
2. Amenez les haricots à ébullition à feu moyen-élevé et couvrez-les d'au moins 3 po d'eau. Réduisez le feu et faites cuire jusqu'à ce qu'ils soient tendres ; environ 30 minutes ; enlevez l'écume qui se forme. Assurez-vous de ne pas trop cuire les haricots sinon ils se transforment en purée. Rincez à l'eau froide les haricots cuits dans une passoire et réservez.
3. Émincez les oignons ; pelez et coupez les carottes en rondelles. Faites chauffer à feu élevé l'huile de maïs et l'huile d'olive dans une casserole profonde. Faites revenir les oignons émincés jusqu'à ce qu'ils soient tendres et jaunes, mais pas bruns. Ajoutez les carottes et faites cuire environ cinq minutes jusqu'à ce que les carottes soient tendres ; ajoutez doucement les haricots.
4. Dans un bol, mélangez la pâte de tomate, le sel et le sucre ainsi que trois tasses d'eau ; versez le mélange dans la casserole de haricots.

5. Laissez mijoter à découvert à feu moyen-doux pendant 10 minutes ; remuez doucement jusqu'à ce que l'eau s'évapore. Les haricots doivent être tendres et garder leur forme.
6. Lorsque le mélange a épaissi et que le liquide s'est évaporé, retirez la casserole du feu.
7. Mettez les haricots dans un plat de service et décorez avec du persil ; arrosez du jus de citron. Le jus de citron ajoute une saveur particulière au plat.
8. Servez à la température ambiante avec du pain pita.

Les légumes d'accompagnement

La pureté de Hajjah Naziha

Hajjah Naziha a dit : « Quand j'avais 12 ans, ma mère a eu un accouchement difficile lorsqu'elle était enceinte de ma sœur. Mon père m'a emmené dehors et m'a remis le Coran et m'a demandé de lire la sourate al-Balad au-dessus d'un verre d'eau afin d'aider ma mère. Ma mère a bu l'eau et a accouché dans la demi-heure qui a suivi. »

Mawlana Cheikh Hisham ق a expliqué que Son Éminence Mawlana Cheikh Nazim ق a demandé à Hajjah Naziha de lire cette sourate à cause de son jeune âge et de sa piété. Lorsque la personne qui lit n'a pas de péché, il n'y a rien qui est noté par l'ange du côté gauche. La prière a plus de chance d'être exaucée lorsque la personne est pure. C'est pour cela que Hajjah Naziha rédigeait les *tawiz* (prière de protection) pour Grandcheikh.

Poireaux et tomates
Domatesli Pirasa
Turquie

Ingrédients
2 lbs de poireaux (environ 3 poireaux)
1 grosse tomate
¼ tasse d'huile de maïs
¼ tasse d'huile d'olive
1 cuillerée à thé de sel

Préparation
1. Un à la fois, coupez le bulbe et les extrémités sèches du poireau ; enlevez les couches extérieures. Coupez les poireaux en longueur ; coupez la partie blanche des poireaux en demi-tranches de ¼ po.
2. Séparez les parties vertes et blanches des poireaux, mettez dans un bol d'eau les parties blanches. Tranchez les parties vertes des poireaux et mettez-les dans un autre bol d'eau. Laissez tremper au moins 15 minutes. Pendant le trempage, séparez les couches des poireaux avec vos doigts afin d'enlever la terre.
3. Coupez la tomate.

4. Retirez les poireaux. Rincez et égouttez les poireaux dans une passoire en gardant séparé les parties blanches et vertes.
5. Dans une poêle, faites chauffer à feu moyen l'huile de maïs et l'huile d'olive. Une fois que l'huile est chaude, ajoutez les parties blanches des poireaux et faites-les revenir jusqu'à ce qu'ils soient tendres (voir la photo). Ajoutez la tomate et le sel ; faites revenir pendant quelques minutes. Ajoutez les parties vertes ; couvrez et laissez mijotez jusqu'à ce qu'ils soient tendres.

Pour 4-6 personnes

Okra fris et tomates
Domatesli Bamya
Turquie

Ingrédients
4 lbs de okras entiers, frais ou congelés
Huile de maïs (Pour la friture)
3 cuillerées à thé de sel
1 gros oignon blanc
2 grosses tomates
¾ à 1 ½ tasse d'huile de maïs
2 cuillerées à thé de sel
1 cuillerée à thé de poivre noir
½ tasse de jus de citron

Préparation
1. Préchauffez le four à 350 F
2. Si vous utilisez des okras frais, coupez les bouts afin d'obtenir un cône.
3. Faites chauffer l'huile et ajoutez 1 cuillerée à thé de sel dans l'huile. Lorsque l'huile est chaude, ajoutez les okras ; faites frire les okras jusqu'à ce qu'ils soient légèrement dorés.
4. Note : Les okras ont une couleur plus claire dans l'huile. Les okras fris doivent avoir une couleur vert foncé.
5. Avec une cuillère à égoutter, retirez les okras et mettez-les dans une passoire ; réservez.
6. Note : Ne cuisez pas longtemps les okras, car ils vont devenir très foncés et vont s'ouvrir.
7. Coupez finement l'oignon et les tomates.
8. Dans une casserole, faites chauffer ¾ tasse d'huile de maïs (vous pouvez réutiliser l'huile de friture ou utiliser de l'huile fraîche). Lorsque l'huile est chaude, ajoutez l'oignon et faite-le revenir jusqu'à ce qu'il soit tendre et doré. Diminuez le feu. Ajoutez 2 cuillerées à thé de sel et les tomates ; faites revenir jusqu'à ce qu'elles soient tendres. Ajoutez le poivre et le jus de citron ; réservez.
9. Mettez les okras fris dans un plat allant au four. Étalez uniformément le mélange oignon-tomates sur les okras. Faites dissoudre 1 cuillerée à thé de sel dans une tasse d'eau ; versez l'eau salée dans le plat.
10. Couvrez le plat et faites cuire pendant 30 minutes. Servez à la température ambiante.

Pour 4-6 personnes

Poivrons verts farcis aux graines de coriandre et à l'ail
Fleifle Mahshiyya
Liban

Ingrédients

2 lbs de poivrons verts *

1 tasse d'huile de maïs

2 cuillerées à thé de sel (au goût)

1 lb de tomates très mûres

5 cuillerées à soupe de graines de coriandre

1 tête d'ail

* Pour de meilleurs résultats, utilisez des petits poivrons ronds de la même taille.

Préparation
1. Préchauffez le four à 350 F
2. Lavez et séchez les poivrons. Enlevez la tige, retirez le cœur et les graines des poivrons.
3. Dans une casserole, faites chauffez l'huile à feu moyen-élevé. Ajoutez une cuillerée à thé de sel dans l'huile pour éviter les éclaboussures. Lorsque l'huile est chaude, faites revenir les poivrons en les remuant constamment jusqu'à ce qu'ils soient dorés.
4. Entre temps, pelez les tomates et coupez-les en cubes de ½ po. Écrasez les gousses d'ail.
5. Prenez 6 cuillerées à soupe d'huile de la casserole de poivrons et faites-les chauffer dans une poêle à feu doux. Faites revenir l'ail écrasé et 1 cuillerée à thé de sel. Une fois que l'ail est doré, ajoutez 5 cuillerées à soupe de graines de coriandre et faite cuire 2 minutes ; réservez.
6. Mettez les poivrons côte à côte dans un plat en Pyrex de 13x9x2 po. Étalez le mélange uniformément sur les poivrons et à l'intérieur des poivrons pour donner plus de goût.
7. Ajoutez les tomates coupées sur les poivrons. Ajoutez ½ tasse d'eau sans verser l'eau dans les poivrons. Parsemez les tomates d'1 cuillerée à thé de sel.
8. Couvrez le plat avec du papier d'aluminium et mettez-le au four. Faites cuire jusqu'à ce que la sauce arrive à ébullition ; laissez mijoter pendant 15-25 minutes. Retirez du four et servez à la température ambiante ou réfrigérez et servez froid.

Pour 4-6 personnes

Carottes, choux de Bruxelles et brocolis
Zeytinyagla Bruxel Lahanna-si
Turquie

Ingrédients
2 carottes
3 lbs de choux de Bruxelles
2 cuillerées à thé de sel
½ lb de têtes de brocolis surgelés
¼ d'huile de maïs
¼ d'huile d'olive
1 oignon moyen
5 tomates prunes
1 cuillerée à thé de poivre
1 cuillerée à thé de cumin en poudre

Préparation
1. Pelez les carottes et tranchez-les en rondelles de ¼ po.
2. Coupez la base des choux de Bruxelles, retirez les feuilles extérieures et faites un « X » sur la base.
3. Dans une casserole, mettez les choux de Bruxelles, 1 cuillerée à thé de sel et ajoutez suffisamment d'eau pour couvrir les choux d'au moins 2 po ; amenez à ébullition à feu élevé. Réduisez le feu et faites cuire jusqu'à ce que les légumes soient tendres ; égouttez et rincez.
4. Dans une casserole, mettez les têtes de brocolis et ajoutez suffisamment d'eau pour les couvrir d'au moins 2 po ; amenez à ébullition à feu élevé. Réduisez le feu et faites cuire jusqu'à ce que les légumes soient tendres ; égouttez et rincez.
5. Coupez finement l'oignon. Dans une grande casserole, faites chauffer l'huile de maïs et l'huile d'olive, faites revenir les oignons jusqu'à ce qu'ils soient translucides ; ajoutez les carottes et faites revenir cinq minutes.
6. À l'aide d'une râpe à fromage, râpez les tomates pour enlever la peau. Ajoutez la pulpe de tomate au mélange d'oignons et de carottes ; faites revenir pendant quelques minutes. Ajoutez les choux de Bruxelles et les brocolis ; couvrez et laissez mijoter à feu doux.
7. Entre temps, faites dissoudre 1 cuillerée à thé de sel, de poivre et de cumin dans une tasse d'eau ; mélangez bien et versez dans la casserole. Couvrez et laissez mijoter à feu doux pendant cinq minutes.
8. Servez à la température ambiante.

Pour 4-6 personnes

Courgettes à la sauce au yogourt
Yogurtlu Kabak
Turquie

Ingrédients
2 lbs de courgettes
Huile de maïs pour la friture
1 ½ cuillerée à thé de sel
3 gousses d'ail
3 tasses de yogourt nature

Préparation
1. Tranchez les courgettes en rondelles de ¼ po. Laissez égoutter les courgette ou placez-les sur du papier absorbant pendant 15 minutes ; tournez-les afin qu'elles sèchent des deux côtés.
2. Parsemez les courgettes de sel sur chaque côté.
3. Note : Le sel permet aux courgettes de ne pas absorber beaucoup d'huile durant la friture.
4. Faites chauffer l'huile de maïs à feu élevé. Ajoutez ½ cuillerée à thé de sel. Lorsque l'huile est chaude, ajoutez les courgettes et faites frire jusqu'à ce qu'elles soient d'un brun doré ; remuez de temps en temps afin qu'elles cuisent uniformément.
5. À l'aide d'une cuillère à égoutter, retirez les courgettes et égouttez sur du papier absorbant disposé sur une assiette.
6. Écrasez l'ail et dans un bol séparé, mélanger l'ail et le yogourt et le reste du sel.
7. Mettez les courgettes dans un plat de service, couvrez de yogourt ; servez à la température ambiante.

Pour 4-6 personnes

Aubergines à la sauce au yogourt et à l'ail
Beyttenjan Mukli bil-Laban
Méditerranéen

Ingrédients
3 grosses aubergines
2 cuillerées à soupe et 2 cuillerées à thé de sel
3 tasses de yogourt nature
4 gousses d'ail
2 tasses d'huile de maïs (Pour la friture)

Préparation
1. Pelez les aubergines dans le sens de la longueur en « zèbre », c'est-à-dire en enlevant de longues bandes de peau sur les aubergines, et en laissant autant de côté. Coupez-les en tranches de ½ po d'épaisseur ; mettez les tranches dans un bol et parsemez-les de 2 cuillerées à soupe de sel uniformément. Laissez égoutter pendant une demi-heure.

Note : Le sel permet aux aubergines de ne pas absorber beaucoup d'huile durant la friture et enlève le jus amer de l'aubergine.

2. Entre temps, écrasez les gousses d'ail. Pour la sauce au yogourt, mélangez dans un bol le yogourt, l'ail écrasé et 1 cuillerée à thé de sel ; réfrigérez.

3. Pressez chaque rondelle d'aubergine afin d'enlever le jus amère
4. Faites chauffer l'huile de maïs à feu élevé ; ajoutez 1 cuillerée à thé de sel. Une fois que l'huile est chaude, ajoutez les rondelles d'aubergine et faites frire pendant 4 minutes de chaque côté. Répétez la même procédure jusqu'à ce que toutes les rondelles soient cuites.
5. Disposez les aubergines dans un plat de service en longueur ; étalez la sauce au yogourt froide.
6. Servez froid.

Pour 4-6 personnes

Pommes de terre portugaises
Méditerranéen

Ingrédients
10 pommes de terre moyennes
3 cuillerées à soupe de persil
3 cuillerées à soupe d'huile d'olive
1 cuillerée à thé de sel

Préparation
1. Pelez les pommes de terre et coupez-les en deux en longueur. Coupez la moitié en tranches de 1 po d'épaisseur. Amenez les pommes de terre à ébullition à feu élevé dans au moins 2 po d'eau ; réduisez le feu à moyen et faites bouillir jusqu'à ce qu'elles soient tendres. Vous devriez pouvoir insérer légèrement une fourchette dans les pommes de terre. Elles doivent être cuites, mais fermes. Égouttez et rincez avec de l'eau froide.
2. Préchauffez le four à 400 F.
3. Mettez les pommes de terre dans un plat allant au four. Hachez le persil. Ajoutez le persil, l'huile d'olive et le sel ; mélangez doucement les pommes de terre ; faites cuire 15-20 minutes, ou jusqu'à ce que le dessus des pommes de terre soit d'un brun doré.
4. Servez avec des Kafta. Servez chaud. C'est un plat très apprécié par les enfants.

Pour 6-8 personnes

Frites maison
Battata Maqlia
Méditerranéen

Ingrédients

8 grosses pommes de terre
2 ½ tasses d'huile de maïs (Pour la friture)
Sel

Préparation

1. Pelez et lavez les pommes de terre. Coupez les pommes de terre en tranches épaisses dans le sens de la longueur. Ensuite coupez les tranches ovales dans le sens de la longueur afin d'obtenir des tranches d'1/3 po d'épaisseur ou l'épaisseur que vous voulez (de la longueur d'un doigt).
2. Laissez tremper les pommes de terre dans de l'eau froide jusqu'à ce que l'huile soit chaude ou faites frire directement si vous êtes pressé. Si vous trempez les pommes de terre dans de l'eau, égouttez-les dans une passoire avant de les frire.
3. Faites chauffer l'huile à feu moyen-élevé et ajoutez ½ cuillerée à thé de sel pour éviter les éclaboussures. Ajoutez une poignée de pommes de terre coupées à la fois (afin qu'elles ne se collent pas). Faites frire les pommes de terre par portions ; l'huile doit couvrir les pommes de terre. Faites frire jusqu'à ce que les frites soient dorées.
4. Note : Vous pouvez utiliser une friteuse ou une marmite.
5. À l'aide d'une cuillère à égoutter, retirez les frites et disposez-les sur une assiette recouverte de papier absorbant. Parsemez-les de sel pendant qu'elles sont encore chaudes. Faites frire le reste des pommes de terre.
6. Servez chaud.

Pour 4-5 personnes
C'est une collation ou un plat d'accompagnement apprécié par les enfants.

Le riz

L'avare et le généreux

Allah a dit à Seyddina Musa : « Il y a deux sortes d'individus. L'un va en Enfer et l'autre va au Paradis. » Seyddina Musa alla voir son peuple. Le premier homme jeûnait abondamment et il y'avait près de lui un ruisseau et un grenadier. Le matin, il buvait l'eau du ruisseau et le soir, il mangeait les fruits de l'arbre. Il mangeait deux grenades. Mais quand il vit Seyddina Musa, il cacha une grenade afin d'en avoir une seule à partager. Il mangea la moitié de la grenade et donna l'autre moitié à Seyddina Musa. Cet homme était avare. L'avarice est un des attributs de Satan et cet homme était destiné à l'Enfer.

Seyddina Musa alla voir l'autre homme qui était généreux. Cet homme gagnait sa vie en attaquant les caravanes, en volant leurs biens et leurs chameaux. Il offrit à Seyddina Musa les meilleures choses qu'il avait en sa possession. Cet homme était généreux. La générosité est un des attributs d'Allah et cet homme était destiné au Paradis.

Riz aux poireaux et aux carottes
Pirinçli Zeytinyagli Pirasa
Turquie

Ingrédients
2 lbs de poireaux
2 grosses carottes
1 oignon moyen
1 tomate
1 tasse de riz à grain court
3 cuillerées à soupe de sel
1 cuillerée + 2 cuillerées à thé de sucre
2 ½ tasse d'eau
¾ tasse d'huile d'olive

Préparation

1. Coupez les extrémités des poireaux et enlevez les feuilles extérieures. Coupez des morceaux d'1 po d'épaisseur.
2. Hachez finement l'oignon ; pelez et tranchez les carottes en rondelles de 1/8 po d'épaisseur. Dans une casserole, faites chauffer l'huile d'olive à feu moyen ; ajoutez l'oignon et faites-le cuire jusqu'à ce qu'il soit tendre et doré.
3. Coupez en deux la tomate et pressez afin d'enlever la chair et la pulpe. Ajoutez la pulpe dans la casserole ; laissez mijoter 2 minutes.
4. Rincez le riz avec de l'eau froide quelques minutes jusqu'à ce que l'eau soit claire ; égouttez et réservez.
5. Ajoutez les poireaux, les carottes, le riz, le sel, le sucre et l'eau. Remuez de temps en temps, couvrez et faites cuire à feu élevé environ 15 minutes ou jusqu'à ce que les poireaux et le riz soient cuits.
6. Mettez dans un plat de service et servez tiède.

Pour 4 personnes

Riz pilaf à la viande et aux carottes
Bukhari Pilav
Uzbekistan

Ingrédients

La viande et le bouillon :

1 oignon

2 lbs de d'agneau en cubes, avec ou sans les os

2 cuillerées à soupe de sel

1 cuillerée à soupe de poivre

1 cuillerée à soupe de cannelle

2 feuilles de laurier

10 tasses d'eau

Le riz :
3 oignons
1 ½ lbs de carottes
1 ½ bâton de beurre ou 1 tasse d'huile de maïs
8 cuillerées à soupe de pâte de tomate
4 tasses de riz, soit du riz Basmati ou du riz à grain moyen
2 cuillerées à soupe de sel
4 cuillerées à thé de poivre
3 cuillerées à thé de cannelle

Préparation
1. Coupez l'oignon. Mettez l'oignon, la viande, le sel, le poivre, la cannelle et les feuilles de laurier dans une marmite à pression ou dans une casserole pour la soupe et ajoutez 10 tasses d'eau.

La méthode de la marmite à pression :
Couvrez et faites cuire à feu élevé jusqu'à ce que le mélange arrive à ébullition. Réduisez le feu et faites cuire pendant 45 minutes, ou jusqu'à ce que la viande soit tendre.

La méthode de la casserole pour la soupe :
Faites cuire à feu élevé jusqu'à ce que le mélange arrive à ébullition. Réduisez le feu et laissez mijoter pendant une demi-heure, ou jusqu'à ce que la viande soit tendre. Lorsque vous diminuez le feu pour laisser mijoter, couvrez partiellement la casserole afin d'éviter que le bouillon ne se renverse.

La préparation du riz :
2. Coupez finement les 2 oignons ; pelez et râpez les carottes. Faites fondre le beurre dans une casserole ; ajoutez les oignons et les carottes. Faites cuire à feu moyen, en remuant de temps en temps. Après 5 minutes, diminuez le feu à moyen-doux et faites cuire jusqu'à ce que les carottes soient tendres. Ajoutez la pâte de tomate.

3. À l'aide d'une cuillère à égoutter, retirez la viande de la casserole ; couvrez et laissez mijoter le bouillon de viande à feu doux. Rectifiez au besoin l'assaisonnement du bouillon.
4. Ajoutez la viande, le sel, 3 cuillerées à thé de poivre et 2 cuillerées à thé de cannelle aux oignons et aux carottes.
5. Rincez le riz avec de l'eau froide quelques minutes jusqu'à ce que l'eau soit claire ; égouttez. Mettez le riz sur le mélange de viande et de carottes. Ne mélangez pas, disposez simplement le riz sur le mélange.
6. Ajoutez doucement 8 tasses du bouillon de viande. Couvrez et faites cuire à feu moyen jusqu'à ce que le riz absorbe une bonne partie du liquide. Diminuez le feu à doux et laissez mijoter pendant 10 minutes ou jusqu'à le riz soit cuit et que le liquide soit complètement absorbé.
7. Emballez le couvercle dans une serviette et replacez-le sur la casserole. Faites cuire le riz pendant cinq à dix minutes.
8. Dans un plat de service, faites d'abord un lit de riz et décorez ensuite avec la viande.
9. Servez chaud avec du yogourt ou avec une salade à la sauce au yogourt.

Pour 10-12 personnes

Riz pilaf parfait
Turquie

Ingrédients
2 tasses de riz
1 cuillerée à thé de sel
¼ cuillerée à thé de poivre noir moulu
2 oignons
2 tasses de carottes râpées
4 cuillerées à soupe d'huile d'olive
2 cubes de bouillon de poulet
3 tasses d'eau

Préparation
1. Rincez bien le riz et dans un bol, couvrez-le d'eau d'au moins 2 po. Laissez tremper pendant 30 minutes ; égouttez. Ajoutez le sel et le poivre au riz non cuit.
2. Coupez finement l'oignon et râpez les carottes.
3. Dans une casserole moyenne, faites revenir l'oignon dans de l'huile d'olive à feu moyen jusqu'à ce qu'il soit légèrement brun. Ajoutez les carottes et faites revenir encore 5 minutes. Ajoutez les cubes de bouillon et l'eau ; assurez-vous de dissoudre complètement les bouillons dans l'eau. Amenez à ébullition à feu moyen-élevé ; ajoutez le riz et portez de nouveau à ébullition.
4. Couvrez la casserole et faites cuire à feu moyen-doux pendant 20-25 minutes, jusqu'à ce que l'eau soit absorbée et qu'un couteau inséré dans le riz ressorte propre.
5. Retirez du feu. Placez autour du couvercle du papier essuie-tout et laissez cuire encore 10-15 minutes avant de servir. Servez chaud.

Pour 8 personnes

Savoureux chaussons

Le sel et Sayyidina Ibrahim

Après que Seyddina Ibrahim ﷺ eut construit la Ka'ba, il dit : « O Allah ﷻ, j'ai construit Ta Maison. Qui va venir visiter cette maison dans le désert ? »

Allah ﷻ lui révéla : « Les gens vont venir. » Et ensuite Seyddina Ibrahim ﷺ entendit beaucoup de voix qui disaient : « Labbayk, Allahouma Labayk », « À Ton service, Allah. » Comme Seyddina Ibrahim ﷺ était très généreux et très hospitalier, il commença à s'inquiéter. Il avait entendu les voix de millions de gens qui disaient « Labbayk » et se dit : « Comment vais-je réussir à nourrir tous ces gens dans le désert ? »

L'archange Gabriel ﷺ vint avec un verre d'eau du Paradis. L'archange Gabriel ﷺ lui dit : « Ne sois pas confus. Ce que tu entends, ce sont les voix de tes descendants qui vont venir visiter cette Maison et cela, jusqu'au Jour du Jugement Dernier. » Il versa l'eau. Le vent emporta la moitié de l'eau vers les montagnes et l'autre moitié vers les rivières. Cette eau est devenue salée. C'est pour cette raison qu'on trouve du sel dans les roches et du sel dans les océans.

Le sel vient de Seyddina Ibrahim ﷺ qui a lancé l'eau dans les rivières et sur les montagnes. À cause de l'hospitalité de Seyddina Ibrahim ﷺ, Allah ﷻ a créé le sel. Le sel donne un bon goût à la nourriture. Jusqu'à ce jour, les humains bénéficient de la générosité de Seyddina Ibrahim ﷺ.

Carrés à la viande hachée
Sfiha ba'al-bakkia
Liban

Ingrédients
Pâte :
4 ¼ tasses de farine
½ cuillerée à thé poudre à pâte
1 cuillerée à thé de sel
½ tasse d'eau
¼ tasse d'huile de maïs

1 tasse de yogourt

Garniture :
1 oignon moyen
3 tomates moyennes
1 lb de viande hachée
1 ½ cuillerée à thé de sel
1 cuillerée à thé de poivre
1 cuillerée à thé de cannelle
2 cuillerées à thé de sauce chili (facultatif)
1 cuillerée à soupe de jus de grenade (facultatif)
2 cuillerées à soupe de beurre
¼ tasse de noix de pins

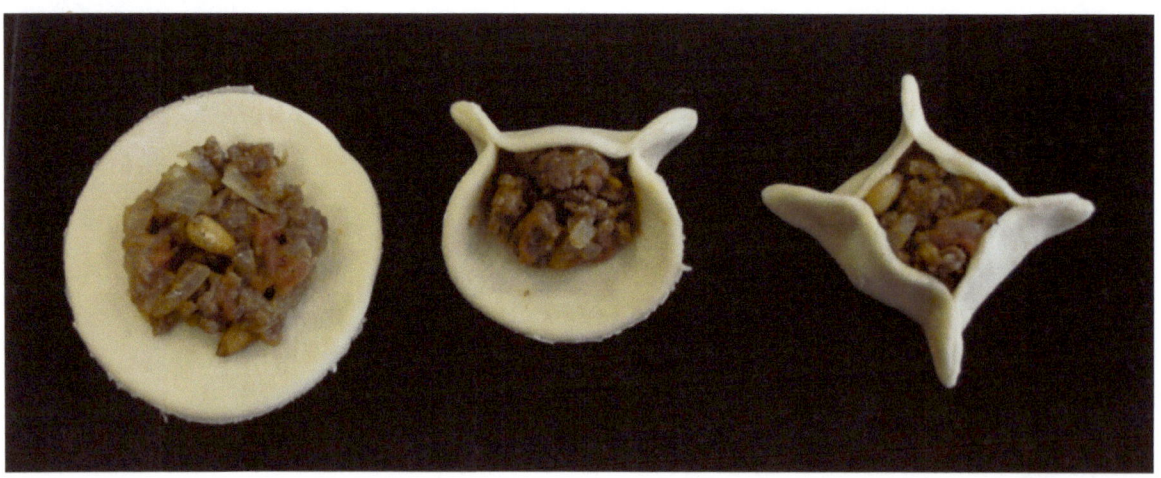

Préparation
1. Pour la pâte, mélangez dans un bol la farine, la poudre à pâte et le sel. Dans un bol séparé, mélangez l'eau, l'huile et le yogourt. Pour éviter les grumeaux, incorporez graduellement les ingrédients secs aux ingrédients mouillés.
2. Pétrissez la pâte à la main ou utilisez un robot culinaire muni de crochet pour pâte

jusqu'à ce qu'elle ait la consistance du lobe de l'oreille. Si la pâte est trop molle ou collante, ajoutez de la farine. Si la pâte est trop dure, ajoutez de l'eau en mouillant vos mains et continuez à pétrir la pâte.

3. Coupez la pâte en 2 parts égales. Pétrissez et mettez en boule chaque part ; mettez les deux parts dans un bol et couvrez avec un linge légèrement humide. Laissez reposer la pâte au moins 30 minutes.
4. Pour la garniture, coupez finement l'oignon ; pelez et coupez les tomates en cubes. Faites cuire la viande hachée et l'oignon à feu moyen-doux, remuez constamment la viande avec une cuillère en bois jusqu'à ce qu'elle ait la consistance d'une chapelure. Laissez mijoter jusqu'à ce que la viande absorbe tout le liquide dans la poêle ; ajoutez les tomates et faites cuire quelques minutes. Ajoutez le sel, le poivre, la cannelle, la sauce chili et le jus de grenade.
5. Dans une poêle séparée, faites dorer les noix de pins dans du beurre à feu moyen. Ajoutez les noix de pins et le jus de cuisson au mélange de viande ; faites revenir quelques minutes à feu doux, retirez du feu et laisser refroidir.
6. Préchauffez le four à 400 F.
7. Farinez la surface où vous voulez étaler la pâte. Prenez la première moitié de la pâte et pétrissez-la afin d'enlever les poches d'air ou les plis. À l'aide d'un rouleau à pâtisserie, aplatissez la pâte ; elle doit avoir l'épaisseur du lobe de l'oreille, environ 1/8 po d'épaisseur.
8. Utilisez une tasse de café pour couper le plus de cercles possible dans la pâte déroulée ; couvrez avec un linge. Pour remplir les chaussons, mettez environ ½-2/3 de cuillerée à soupe du mélange de viande au centre de chaque cercle. Pour former les carrés, pressez les 4 extrémités du cercle et pliez légèrement le cercle ; environ ¼ po. Vous devez obtenir un carré. La garniture doit se voir au milieu du carré.
9. Huilez légèrement une plaque avec de l'huile d'olive ; disposez les carrés sur la plaque. Placez les carrés au milieu du four préchauffé et faites cuire pendant 15-25 minutes, jusqu'à ce que les extrémités des carrés soit d'un brun doré. Faites la même chose avec l'autre moitié de la pâte.
10. Servez chaud ou à la température ambiante.

Donne 20-25 petits chaussons à la viande, chaque carré mesure environ 2 ½ pouces. Les chaussons peuvent être servis comme entrée, plat d'accompagnement, ou plat principal pour 4-5 personnes.

Les recettes du paradis

Triangles aux épinards
Fatayir bi-Sbanekh
Liban

Ingrédients
Pâte :
4 ¼ tasses de farine
½ cuillerée à thé poudre à pâte
1 cuillerée à thé de sel
½ tasse d'eau
¼ tasse d'huile de maïs
1 tasse de yogourt

Garniture :
1 gros oignon
20 oz d'épinards surgelés coupés
½ tasse d'huile de maïs
½ tasse de jus de citron
2 cuillerées à thé de sel
1 cuillerée à soupe de sumac
½ cuillerée à thé de cannelle
1 cuillerée à thé de chili en poudre (facultatif)
1 cuillerée à soupe de jus de grenade (facultatif)

Préparation

1. Pour la pâte, mélangez dans un bol la farine, la poudre à pâte et le sel. Dans un bol séparé, mélangez l'eau, l'huile et le yogourt. Pour éviter les grumeaux, incorporez graduellement les ingrédients secs aux ingrédients mouillés.
2. Pétrissez la pâte à la main ou utilisez un robot culinaire muni de crochet pour pâte jusqu'à ce qu'elle ait la consistance du lobe de l'oreille. Si la pâte est trop molle ou collante, ajoutez de la farine. Si la pâte est trop dure, ajoutez de l'eau en mouillant vos mains et continuez à pétrir la pâte.
3. Coupez la pâte en 2 parts égales. Pétrissez et mettez en boule chaque part ; mettez les deux parts dans un bol et couvrez avec un linge légèrement humide. Laissez reposer la pâte au moins 30 minutes.
4. Pour la garniture, coupez finement l'oignon, décongelez les épinards et pressez pour enlever l'eau.

Note : Si la garniture est trop mouillée, elle coulera dans la pâte.

5. À feu moyen, faites dorer les oignons dans de l'huile. Ajoutez les épinards et faites revenir pendant deux minutes ; réduisez à feu doux. Ajoutez le jus de citron, le sel, le sumac, la cannelle, le chili en poudre et le jus de grenade. Faites cuire 2-3 minutes. Retirez du feu et laissez refroidir.
6. Préchauffez le four à 400 F.

7. Farinez la surface où vous voulez étaler la pâte. Divisez la pâte en quatre parts égales. Mettez un bol renversé par-dessus les parts pour éviter que la pâte ne devienne sèche. Prenez la première part de la pâte et pétrissez pour enlever les poches d'air et les plis. À l'aide d'un rouleau à pâtisserie, aplatissez la pâte ; elle doit avoir l'épaisseur du lobe de l'oreille, environ 1/8 po d'épaisseur.
8. Utilisez une tasse de café pour couper des cercles dans la pâte. Coupez le plus de cercles possible. Mettez la moitié d'1 cuillerée à soupe de garniture au centre de chaque cercle. Couvrez les cercles d'un linge pour éviter que la pâte ne devienne sèche. Les chaussons aux épinards doivent avoir la forme d'un triangle ; comme une pyramide avec 3 lignes visibles sur le dessus. Pour former des triangles, ramenez au centre la partie droite et la partie gauche du cercle ; pressez pour sceller. Ramenez su centre le bas du cercle et pressez encore pour sceller. Il est important de bien sceller pour éviter que les chaussons ne s'ouvrent durant la cuisson.

Note : Si les extrémités de la pâte ne collent pas ou deviennent sèches, mouillez légèrement vos doigts et pressez.

9. Disposez les triangles sur une plaque huilée et faites la même chose jusqu'à ce que la première plaque soit remplie. Placez les triangles dans le four préchauffé et faites cuire pendant 10-15 minutes, jusqu'à ce que la pâte soit légèrement dorée.
10. Faites la même chose avec le reste de la pâte et la garniture.

Donne environ 35 petits triangles aux épinards, chaque triangle mesure environ 2 ½ pouces. Les triangles peuvent être servis comme entrée, plat d'accompagnement, ou plat principal pour 4-5 personnes.

Carrés au fromage
Peynirli Börek
Chypre

Les recettes du paradis

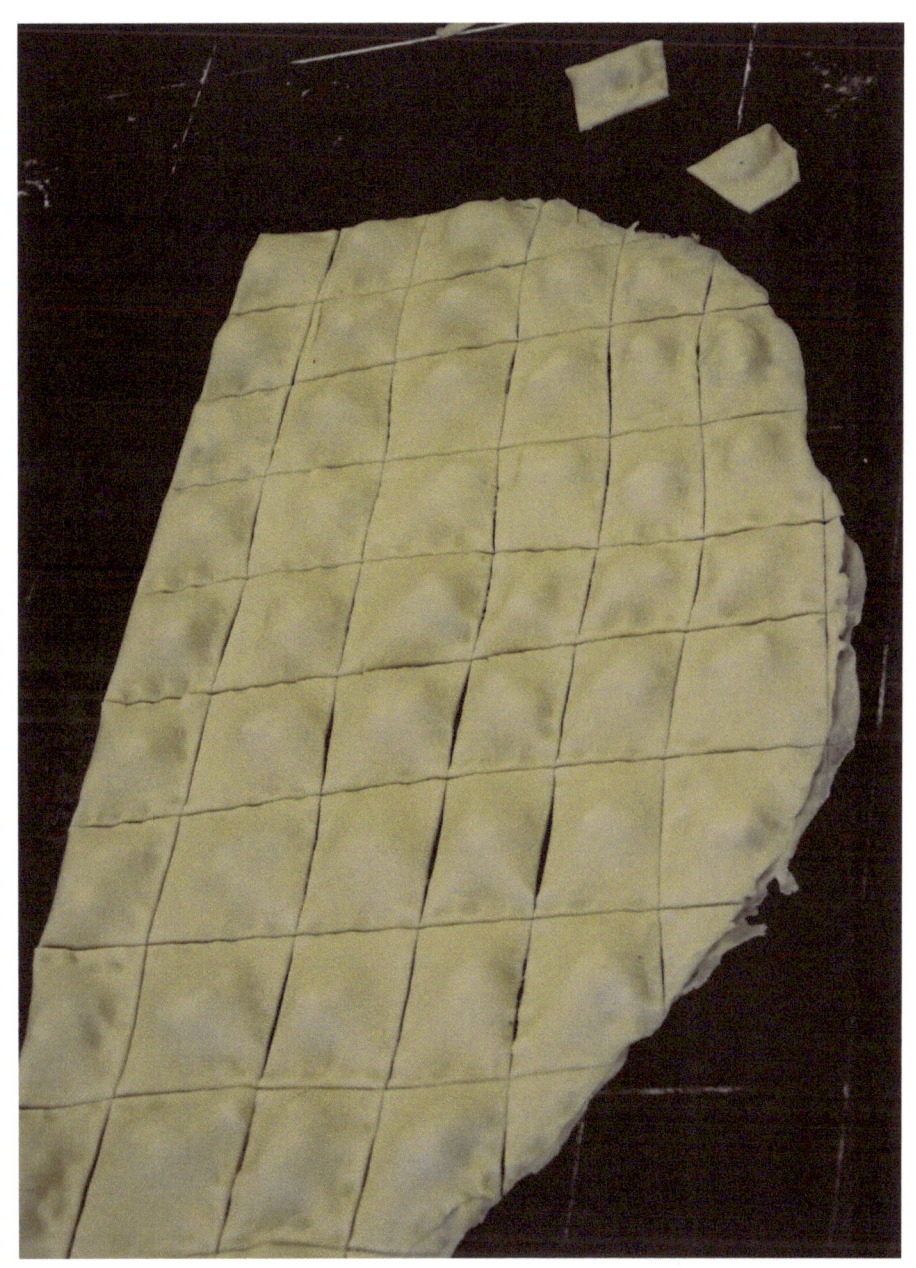

Ingrédients
Pâte :
1 tasse d'eau
¼ tasse d'huile de maïs
¼ cuillerée à thé de sel
3 ¼ tasses de farine

Garniture :
16 oz de fromage feta doux
½ bouquet de persil (1/2 tasse)
2 œufs
Huile (Pour la friture)

Préparation
1. Mélangez l'eau, le sel et l'huile. Ajoutez graduellement la farine. Si la pâte est trop molle ou collante, ajoutez de la farine. Si la pâte est trop dure, ajoutez de l'eau en mouillant vos mains et continuez à pétrir la pâte. Pétrissez la pâte à la main ou utilisez un robot culinaire muni de crochet pour pâte jusqu'à ce qu'elle forme une boule légèrement plus dure que le lobe de l'oreille ; réservez dans un bol recouvert d'un linge humide.
2. Pour la garniture, râpez le fromage, hachez le persil et battez un œuf ; mélangez et réservez.
3. Farinez la surface où vous voulez étaler la pâte. Divisez la pâte en quatre parts égales. Prenez la première part de la pâte et pétrissez pour enlever les poches d'air et les plis. À l'aide d'un rouleau à pâtisserie, aplatissez la pâte ; elle doit avoir l'épaisseur d'un carton de lait, soit 1/16 po d'épaisseur ; aussi fine qu'une pâte phyllo.
4. En commençant par le milieu de la pâte, mettez une cuillerée à thé de la garniture au fromage à environ 1 po du bord. Répétez la même opération, en espaçant d'1 po afin de former une ligne droite. Continuez de faire des rangées jusqu'à ce que la pâte soit couverte de la garniture. Laissez intact le rebord de la pâte ; environ 1 po. Ramenez la moitié vide de la pâte sur la partie remplie et pressez fermement avec vos doigts le contour de chaque bosse de garniture, en formant des carrés. (Voir la photo(
5. À l'aide d'un coupe-pizza, d'une roulette coupante ou du rebord d'un dessous de tasse à

café turc ou espresso coupez le contour des carrés et détachez-les du reste de la pâte. Les carrés doivent mesurés 2 à 2 ½ po d'épaisseur. Faites la même chose avec le reste de la pâte et de la garniture.

6. Dans une poêle, faites chauffer l'huile de maïs à 350 F à feu élevé. L'huile doit couvrir les carrés d'au moins 2-3 po d'épaisseur. Mettez un peu de pâte dans l'huile. Si la pâte remonte, cela signifie que l'huile est assez chaude. Mettez 6-7 carrés à la fois dans l'huile chaude et faites frire jusqu'à ce qu'ils deviennent légèrement dorés. Faites cuire 1 minute chaque côté, tournez une fois afin d'assurer une cuisson uniforme. Une fois qu'une partie des carrés est prête, disposez-la sur une assiette couverte de papier absorbant. Rangez les carrés frits, sans les couvrir, dans un four chaud (environ 170 F) jusqu'à ce qu'ils soient prêts à être servis. Continuez de frire le reste des carrés. Les carrés doivent être gonflés et tendres.

Note : Si les carrés sont huileux, cela signifie que le feu n'est pas suffisamment élevé et il faut l'augmenter.

7. Disposez dans un plat. Servez chaud ou à la température ambiante.

Donne environ 60 petits carrés au fromage, chaque carré mesure environ 2 ½ pouces. Ils sont souvent servis avec du thé. Les carrés peuvent être servis comme entrée, plat d'accompagnement, ou plat principal pour 4-5 personnes.

Demi-lunes au bœuf
Etli Börek
Chypre

Ingrédients
Pâte :
1 tasse d'eau
¼ tasse d'huile de maïs
¼ cuillerée à thé de sel
¼ 3 tasses de farine

Garniture :
1 oignon moyen
¼ bouquet de persil
½ 1lbs de viande de bœuf ou d'agneau hachée
2 cuillerées à thé de sel
1 cuillerée à thé de poivre
1 cuillerée à thé de cannelle

Préparation
1. Mélangez l'eau, le sel et l'huile. Ajoutez graduellement la farine. Si la pâte est trop molle ou collante, ajoutez de la farine. Si la pâte est trop dure, ajoutez de l'eau en mouillant vos mains et continuez à pétrir la pâte. Pétrissez la pâte à la main ou utilisez un robot culinaire muni de crochet pour pâte jusqu'à ce qu'elle forme une boule légèrement plus dure que le lobe de l'oreille ; réservez dans un bol recouvert d'un linge humide.
2. Pour la garniture, coupez finement l'oignon et hachez le persil. Faites cuire la viande hachée et l'oignon à feu moyen-doux, remuez constamment la viande avec une cuillère en bois jusqu'à ce qu'elle ait la consistance d'une chapelure. Laissez mijoter jusqu'à ce que la viande absorbe tout le liquide dans la poêle. Ajoutez le persil, le sel, le poivre et la cannelle ; mélangez bien. Retirez du feu et laissez refroidir.
3. Pétrissez la pâte doucement et divisez-la en cinq parts égales. Travaillez une portion à la fois et laissez les autres sous un bol.

4. Farinez la surface où vous voulez étaler la pâte. À l'aide d'un rouleau à pâtisserie, aplatissez la pâte ; elle doit avoir l'épaisseur d'un carton de lait, soit 1/16 po d'épaisseur ; elle doit être aussi fine qu'une pâte phyllo et de forme ovale.
5. Mettez 1 ½ cuillerée à thé de la garniture près du bord de la pâte en ligne droite, en laissant environ 2 po vides autour de la pâte. Laissez un espace d'au moins 2-2 ½ entre chaque 1 ½ cuillerée à thé de garniture disposée en ligne droite.
6. Prenez les extrémités de la pâte et repliez-la doucement au-dessus de la rangée remplie de la garniture à la viande. Repliez l'autre moitié de la pâte sur la garniture et pressez fermement autour de chaque bosse de garniture. (Voir la photo)
7. Avec votre pouce, pressez doucement le bord et le contour de chaque chausson afin de former un croissant de lune.
8. À l'aide d'une roulette coupante ou d'un dessous de tasse à café turc, coupez les chaussons à la viande et détachez-les de la pâte. Continuez jusqu'à ce que vous ayez des demi-lunes ou des croissants.
9. Faites la même chose avec le reste de la pâte.
10. Dans une poêle, faites chauffer de l'huile de maïs à 350 F à feu élevé. L'huile doit couvrir les chaussons d'au moins 2-3 po. Mettez un peu de pâte dans l'huile. Si la pâte remonte, cela signifie que l'huile est assez chaude. Mettez 6-7 demi-lunes à la fois dans l'huile chaude et faites frire jusqu'à ce qu'elles deviennent légèrement dorées. Faites cuire 1 minute chaque côté, tournez une fois afin d'assurer une cuisson uniforme. Une fois qu'une partie des demi-lunes est prête, disposez-la sur une assiette couverte de papier absorbant. Rangez les demi-lunes frites, sans les couvrir, dans un four chaud (environ 170 F) jusqu'à ce qu'elles soient prêtes à être servies. Continuez de frire le reste des demi-lunes. Les demi-lunes doivent être gonflées et tendres.

Note : Si les demi-lunes sont huileuses, cela signifie que le feu n'est pas suffisamment élevé et il faut l'augmenter.

11. Disposez dans un plat. Servez chaud ou à la température ambiante.

Hajjah Nazihe Adil Kabbani

Chaussons à la pâte phyllo au riz au bœuf et aux noix
Ouzi
Syrie

Les recettes du paradis

Hajjah Nazihe Adil Kabbani

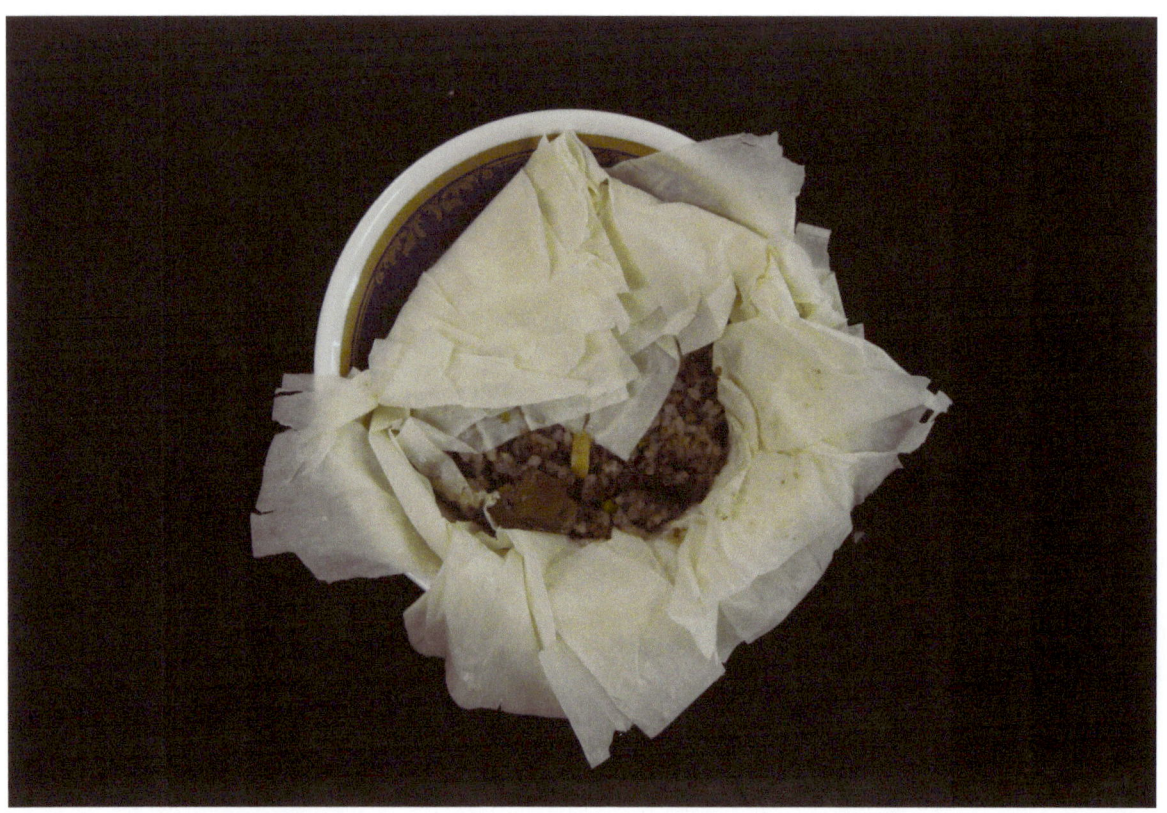

En Syrie, ce plat est servi lors des fêtes. Il est délicieux, mais long à préparer.

Ingrédients
1 lb de viande hachée
1 gros oignon
4 cuillerées à thé de sel
1 ½ cuillerée à thé de poivre
1 ½ cuillerée à thé de cannelle
8 cuillerées à soupe de beurre
½ tasse de noix de pin (disponibles dans les épiceries méditerranéennes)
¾ tasse d'amandes blanches (disponibles dans les épiceries méditerranéennes)

2 ½ tasses de petits pois
14 oz de champignons en conserve (facultatif)
3 tasses de riz à grain court
2 paquets de pâte phyllo

Préparation
1. Préchauffez le four à 500 F.
2. Dans un bol, trempez le riz dans 2 po d'eau chaude.
3. Hachez l'oignon. Faites revenir la viande hachée et l'oignon dans une grande casserole à feu moyen, remuez constamment la viande avec une cuillère en bois jusqu'à ce qu'elle ait la consistance d'une chapelure. Laissez mijoter jusqu'à ce que la viande libère et réabsorbe son jus. Ajoutez ensuite le sel, le poivre et la cannelle ; mélangez bien. Retirez du feu et laissez refroidir.
4. Faites dorer les noix de pin dans 2 cuillerées à soupe de beurre à feu moyen. Ajoutez les noix de pin dorées et le jus de cuisson au mélange de viande ; remuez.
5. Faites revenir les amandes dans les 2 cuillerées à soupe de beurre restantes à feu moyen jusqu'à ce qu'elles soient légèrement dorées. Ajoutez les amandes dorées et le jus de cuisson dans le mélange de viande. Ajoutez également les petits pois et les champignons. Si vous utilisez les champignons en conserve, rincez-les bien avant de les ajouter.
6. Rincez le riz avec de l'eau froide quelques minutes jusqu'à ce que l'eau devienne claire ; égouttez avec une passoire.
7. Ajoutez cinq tasses d'eau dans la viande. Lorsque l'eau bout, ajoutez le riz. Amenez l'eau à ébullition encore une fois à feu élevé. Lorsqu'elle bout, diminuez le feu à moyen. Couvrez et faites cuire à feu moyen. Lorsque le riz est presque cuit et qu'il a absorbé une partie de l'eau, diminuez le feu à doux, couvrez et continuez de cuire jusqu'à ce que le riz soit cuit. Retirez du feu.
8. Étalez le mélange de viande et laissez refroidir.
9. Préparez des petits bols. Prenez les feuilles de pâte phyllo et pliez en deux dans le sens de la longueur. Prenez 3 feuilles de la pâte phyllo pliée et mettez-les une au-dessus de l'autre dans le petit bol ; vous obtenez un « bol » de pâte phyllo. Couvrez la pâte phyllo et travaillez le plus rapidement possible pour éviter qu'elle ne sèche.

10. Pour monter le ouzi ; mettez 5 cuillerées à soupe remplies de la garniture, environ ¾ tasse de la garniture, dans le bol de pâte phyllo ; avec le dos de la cuillère, aplatissez légèrement la garniture. Ensuite, en commençant d'un côté, ramenez vers le centre les feuilles de pâte phyllo et pliez pour couvrir. Gardez votre main sur le bol. Renversez le bol et faites glisser le chausson dans un plat allant au four. On doit voir le côté lisse de la pâte phyllo. Une paquet de pâte phyllo de 16 oz donne 12 ouzi.
11. Répétez le même procédé jusqu'à ce que le plat soit rempli de chaussons ; badigeonnez le dessus de chaque ouzi de ½ cuillerée à soupe de beurre fondu.
12. Faites cuire les ouzi dans le four préchauffé pendant 8-10 minutes, jusqu'à ce que le dessus soit légèrement doré ; servez chaud.

Donne 12 chaussons

Les recettes du paradis

Poulet et poisson

Recommandations lorsqu'on mange avec les enfants

Hajjah Naziha a dit : « Il est important de toujours faire une prière avant et après le repas afin de remercier Allah ﷻ pour la nourriture qu'Il nous a accordée, de Le remercier pour la chance d'être ensemble en famille. On doit également demander à Allah ﷻ de mettre dans nos cœurs l'amour du Prophète Mohammed ﷺ ainsi que l'amour et le respect pour toute l'humanité. Allah ﷻ aime que nous nous respections les uns les autres. Nous devons donc nous souvenir d'Allah ﷻ et de Son Prophète ﷺ dans notre vie quotidienne.

Poulet et pommes de terre
Patetesli Tavuk Kebab
Chypre

Ingrédients
2 poulets entiers coupés en morceaux
2 cuillerées à soupe + ½ cuillerée à thé de sel
1 cuillerée à soupe + ½ cuillerée à thé de poivre
2 cuillerées à soupe + ½ cuillerée à thé de cannelle
1 oignon moyen
12 pommes de terre moyenne
4 cuillerées à soupe de pâte de tomate
¼ tasse d'huile d'olive

Préparation
1. Préchauffez le four à 400 F.
2. Dans un plat allant au four, assaisonnez les morceaux de poulet avec ½ cuillerée à thé de sel, de poivre et de cannelle.
3. Coupez finement l'oignon. Pelez les pommes de terre et coupez-les en deux. Faites une incision au milieu de la pomme de terre ; assurez-vous de ne pas couper la pomme de terre au complet.
4. Dans un bol, mélangez le reste du sel, du poivre et de la cannelle avec les pommes de terre, les oignons, la pâte de tomate et l'huile d'olive.
5. Mettez le poulet et le mélange de pommes de terre dans un plat allant au four ; mélangez bien.
6. Couvrez le plat de papier en aluminium et faites cuire dans le four préchauffé pendant 2 heures.
7. Le dessus doit être d'un brun doré ; servez chaud.

Pour 6-8 personnes

Poulet frit
Fripoule
Liban

Ingrédients
3 œufs
½ tasse de farine
2 cuillerées à soupe de sel
1 cuillerée à thé de cumin
1 cuillerée à thé de paprika
1 cuillerée à thé de coriandre
1 cuillerée à thé de poivre
1 cuillerée à thé de cannelle
1 cuillerée à thé de sumac
1 cuillerée à soupe de fécule de maïs
½ cuillerée à soupe de poudre à pâte

2 cuillerées à thé d'épices indiennes Tandoori (facultatif)
2 poulets coupés en morceaux
Huile pour la friture

<u>Préparation</u>
1. Mélangez les œufs, la farine, le sel, le cumin, le paprika, la coriandre, le poivre, la cannelle, le sumac, la fécule de maïs, la poudre à pâte et les épices tandoori.
2. Versez le mélange sur les poulets ; mélangez bien. Laissez mariner au moins ½ heure ou toute la nuit au réfrigérateur.
3. Faites chauffer l'huile à feu élevé. Lorsque l'huile est chaude, ajoutez le poulet et faites frire jusqu'à ce qu'il soit brun doré. Faites frire 6-8 morceaux à la fois. Faites cuire pendant 15-20 minutes ; remuez pour assurer une cuisson uniforme. Avec une cuillère à égoutter, retirez le poulet et disposez-le dans une assiette recouverte de papier absorbant.
4. Servez chaud.

Pour 6-8 personnes
Le poulet frit est surtout servi avec des frites et une salade verte.

Poulet à l'indonésienne
Indonésie

Ingrédients
2 poulets coupés en morceaux, sans la peau
Huile de maïs (pour la friture)
6 cuillerées à soupe d'ail écrasé
6 cuillerées à soupe de gingembre frais râpé
6 cuillerées à soupe de coriandre en poudre
6 bouillons de poulet en cube
2 conserves de lait de coco
4 tasses d'eau

4 cuillerées à soupe de pâte de tomate

Préparation
1. Préchauffez le four à 400 F.
2. Faites chauffer l'huile à feu élevé pour la friture. Lorsque l'huile est chaude, ajoutez le poulet et faites frire jusqu'à ce qu'il soit brun doré. Faites frire 6-8 morceaux à la fois pendant 7-10 minutes sur chaque côté ; remuez pour assurer une cuisson uniforme. Avec une cuillère à égoutter, retirez le poulet et réservez. Continuez et faites frire le reste du poulet.
3. Pour préparer la sauce, faites dorer l'ail et le gingembre dans ½ tasse d'huile utilisée pour frire le poulet. Ajoutez la coriandre et mélangez. Ajoutez le bouillon de poulet, le lait de coco, la pâte de tomate et 4 tasses d'eau.
4. Mettez le poulet dans un plat allant au four. Versez la sauce par dessus. Couvrez et faits cuire dans le four préchauffé pendant 1 heure.
5. Servez chaud.

Pour 4-6 personnes

Poulet au romarin et à l'ail

Ingrédients
6 poitrines de poulet désossées
1 gousse d'ail
4 cuillerées à soupe d'huile d'olive
1 cuillerée à soupe de romarin frais
½ cuillerée à thé de sel
½ cuillerée à thé de poivre noir moulu
6 tomates moyennes mûres
Feuilles de persil et de laitue pour décorer

Préparation
1. Coupez le poulet en morceaux de 2 po d'épaisseur et écrasez l'ail. Faites revenir l'ail dans 2 cuillerées à soupe d'huile d'olive à feu moyen pendant 3 minutes.
2. Dans un faitout ou dans une casserole épaisse, faites chauffer les 2 cuillerées à soupe d'huile d'olive restantes à feu moyen. Ajoutez les morceaux de poulet, le romarin, le sel et le poivre. Faites cuire pendant 5 minutes en remuant constamment jusqu'à ce que le poulet soit brun doré.
3. Coupez les tomates en quartiers et ajoutez-les dans la casserole ainsi que l'ail écrasé.
4. Couvrez et laisser mijoter pendant 30 minutes à feu moyen-doux ou jusqu'à ce que le poulet soit tendre.
5. Servez chaud ou froid sur un lit de laitue et décorez avec des feuilles de persil.

Pour 6 personnes

Saumon avec de la purée de pomme de terre

Ingrédients
1 poivron rouge
2 lbs de pommes de terre
½ tasse de lait
¾ tasse de crème 11,5 %
1 ½ cuillerée à thé de thym
1 ½ cuillerée à thé de romarin
1 ½ cuillerée à thé de menthe
1 ½ cuillerée de persil
1 ½ cuillerée à thé d'origan
1 ½ lbs de petits darnes de saumon
4 cuillerées à soupe de beurre
3 cuillerées à soupe de vinaigre blanc

Préparation

1. Mettez le four à Broil/Gril.
2. Placez le poivron sur une plaque à biscuit et mettez celui-ci sur la grille du haut. Faites griller le poivron jusqu'à ce que la peau calcine. Mettez le poivron dans un sac en plastique et laissez refroidir. Retirez la peau et coupez-le en morceaux.
3. Faites bouillir les pommes de terre dans de l'eau salée jusqu'à ce qu'elles soient cuites. Égouttez et pelez. Écrasez les pommes de terre en ajoutant le lait et la crème.
4. Hachez les herbes et parsemez sur les darnes de saumon ainsi que le sel et le poivre. Réservez pendant 15 minutes.
5. Faites fondre le beurre dans une poêle profonde à feu moyen.
6. Faites frire le saumon, la partie avec la peau vers le haut (s'il y a de la peau) pendant 3 minutes. Ajoutez le vinaigre et poursuivez la cuisson 4 minutes ou jusqu'à ce qu'il soit légèrement brun. Tournez le saumon et faites cuire l'autre côté jusqu'à ce que le poisson change de couleur ; le côté avec la peau doit être brun foncé et la peau doit s'enlever facilement, environ 5 minutes.
7. Retirez du feu le saumon ; retirez la peau si vous le voulez.
8. Réchauffez le poivron et les pommes de terre.
9. Disposez le saumon au-dessus de la purée de pommes de terre, décorez avec le poivron rouge et les herbes fraîches ; arrosez de jus de cuisson. Servez chaud.

Pour 4 personnes

La viande

La Baraka de Hajjah Amina

Tous les vendredis, un homme avait l'habitude d'apporter à Hajjah Amina, l'épaule d'un agneau. Elle la cuisait et il lui restait de la viande jusqu'au prochain vendredi même si l'épaule a peu de viande. Grâce à sa baraka (bénédictions), l'épaule d'agneau procurait suffisamment de viande hachée et d'os pour toute la semaine. Hajjah Amina utilisait une casserole de taille moyenne afin de cuire ses aliments pour sa famille et ses nombreux invités.
Elle a assigné une sainte tâche à ses plus grands enfants, sa fille Hajjah Naziha et son fils Hajj Mehmet. Il y a beaucoup de pauvres à Damas, pas des sans-abris, mais des personnes âgées qui n'ont pas de famille. Ces personnes ne peuvent ni travailler ni se préparer à manger. Tous les soirs, avant de manger, Hajj Mehmet et Hajjah Naziha allaient porter de la nourriture à ces gens. Hajj Mehmet apportait de la nourriture à 5-6 hommes âgés et Hajjah Naziha faisait la même chose pour 5-6 femmes âgées. Ces personnes vivaient dans différentes maisons ; certaines vivaient dans les montagnes et d'autres habitaient près de la mosquée. Tous les jours, avant de manger, Hajjah Naziha et son frère passaient une heure à nourrir ces personnes. Et ils étaient heureux.

Gigot d'agneau
Fakhd Kharouf
Liban

Ingrédients
1 gigot d'agneau (avec les os)
10 gousses d'ail
1/8 tasse d'huile d'olive
2 cuillerées à thé de sel
1 cuillerée à thé de poivre
2 cuillerées à thé de cannelle

Préparation
1. Préchauffez le four à 400 F.
2. Retirez l'excédent de gras du gigot et rincez.
3. À l'aide d'un couteau, faites 10 incisions profondes à plusieurs endroits du gigot. Insérez les gousses d'ail dans ces incisions.
4. Dans un bol, mélangez l'huile d'olive, le sel, le poivre et la cannelle ; étalez ce mélange sur le gigot et mettez-le dans un plat allant au four et couvrez.
5. Faites cuire dans le four préchauffé pendant 1 heure ; retirez le gigot du four. Faites plusieurs incisions profondes ; tournez le gigot de manière à ce que la partie incisée soit en dessous. Faites la même chose sur l'autre côté ; faites des incisions profondes jusqu'à l'os. Ce procédé permet au gigot de cuire uniformément ; même là où la viande est épaisse.
6. Remettez le gigot au four. Couvrez et faites cuire pendant 2 heures.
7. Disposez-le dans un plat creux ; servez chaud.

Pour 6-8 personnes

Gigot d'agneau aux légumes printaniers

Ingrédients
Bouillon :
2 petits os de jarret d'agneau
1 oignon
1 branche de céleri
1 carotte
6 graines de poivre
1 cuillerée à thé de sel

Gigot d'agneau :
4-5 lb de gigot d'agneau (avec les os)
¼ tasse de beurre
3 gousses d'ail
1 cuillerée à soupe de persil
½ tasse de vinaigre
10 petites pommes de terre nouvelles
20 mini-carottes
1 tasse de champignons frais
1 cuillerée à thé de sucre
1 cuillerée à soupe de farine
6 cuillerées à soupe de crème légère
½ cuillerée à thé de poivre noir
1 cuillerée à thé de sel

Préparation

Bouillon :
Coupez en quatre l'oignon, le céleri et les carottes. Dans une casserole, mettez les os de jarret d'agneau, l'oignon, le céleri, les carottes, les graines de poivre, le sel et suffisamment d'eau pour couvrir. Amenez à ébullition à feu élevé. Diminuez le feu à moyen-doux ; et laissez mijoter en couvrant partiellement la casserole. Enlevez l'écume qui se forme et laissez mijoter pendant 2 heures ou jusqu'à ce que le bouillon soit concentré ; égouttez.

Gigot d'agneau :
1. Préchauffez le four à 450 F.
2. Retirez l'excédent de gras du gigot. Écrasez l'ail et hachez le persil. Battez le beurre en crème et ajoutez l'ail et le persil. Étalez le mélange sur le gigot et réservez pendant 15 minutes.
3. Disposez le gigot dans un grand plat en Pyrex (13x9x2) et faites cuire à découvert pendant 20 minutes.
4. Note : Bougez le plat de temps en temps pour éviter que l'agneau ne colle.
5. Diminuez la température du four à 350 F.
6. Ajoutez le vinaigre dans le plat et laissez mijoter pendant 15 minutes ou jusqu'à ce que le jus soit réduit à 1/3.
7. Ajoutez 2 tasses du bouillon ainsi que le sel et le poivre. Couvrez et faites cuire pendant 2 heures. Tournez l'agneau toutes les 30 minutes afin d'éviter qu'il ne sèche.
8. Pelez les pommes de terre et ajoutez-les au plat ainsi que les carottes ; faites cuire pendant 30 minutes. Ajoutez les champignons et faites cuire encore 30 minutes.
9. Égouttez et mettez la sauce de côté. Diminuez la chaleur du four à doux, ajoutez le sucre, couvrez et laissez dans le four chaud.
10. Pour la sauce, enlevez le gras contenu dans le liquide et incorporez la farine.
11. Dans une casserole, faites chauffer la sauce en remuant jusqu'à ce qu'elle arrive à ébullition. Laissez mijoter pendant 2-3 minutes. Ajoutez la crème et assaisonnez au goût, laissez mijoter quelques minutes.
12. Mettez la viande dans un plat et arrosez-la d'un peu de sauce. Disposez les légumes autour du gigot. Servez la sauce à côté dans une saucière.

Pour 6-8 personnes

Le plat de Grandcheikh : Bœuf tendre au poivre et aux oignons
Kul Basti
Daghestan

Cette recette s'appelle le Plat de Grandcheikh. C'est un des plats préférés de Grandcheikh Abdullah Daghestani ق et c'est un plat de son pays. Ce plat contient vraiment dix oignons ! On n'ajoute pas de l'eau dans cette recette. En fait, la sauce vient du jus de la viande et des oignons.

Ingrédients
2 ½ lbs bœuf sans os appelé « *biftek* » (au Moyen-Orient) ou appelé bifteck à sandwich sans gras.
10 oignons moyens

2 cuillerées à soupe de sel
1 cuillerée à soupe de poivre
¼ tasse d'huile d'olive

Préparation
1. Coupez la viande en fines lanières de 2 centimètres d'épaisseur.
2. Émincez finement les oignons en longues lanières.
3. Couvrez la viande avec les oignons ; ajoutez le sel et le poivre.
4. Laissez mariner au moins une demi-heure ou toute la nuit au réfrigérateur.
5. Faites cuire à feu doux sans remuer jusqu'à ce que la viande libère son jus pendant 30-45 minutes. Mélangez ensuite la viande.
6. Faites cuire à feu doux pendant une à deux heures, ou jusqu'à ce que la viande soit tendre ; remuez de temps en temps.
7. Une fois que la viande est tendre, ajoutez l'huile d'olive et poursuivez la cuisine pendant 10 minutes.
8. Mettez la viande dans un plat creux et servez chaud.

Pour 4-6 personnes

Quenelles à la viande
Khinkal
Daghestan

C'était un plat préféré de Grandcheikh Abdullah al-Faiz ad-Daghestani.

Ingrédients
Pâte :
(Pour la pâte, consultez la recette de la soupe aux tortellini, Peel Meen, dans le chapitre des soupes.)

Garniture à la viande :
2 oignons moyens
1 ½ lbs de viande hachée
2 cuillerées à thé de sel
1 cuillerée à thé de poivre noir

Bouillon :
12 tasses d'eau
Sel au goût
Sauces d'accompagnement
½ tête d'ail
1 tasse de yogourt
¾ tasse de vinaigre
¼ tasse du liquide de cuisson des quenelles

Préparation
1. Utilisez la recette des Peel Meen et pétrissez la pâte jusqu'à ce qu'elle ait la consistance du lobe de l'oreille. Sur une surface farinée, pétrissez la pâte en la roulant, en ramenant vers vous l'autre côté de la pâte. Couvrez la pâte avec un linge ou un bol et laissez reposer pendant 10 minutes.
2. Pétrissez la pâte en forme de tube ; divisez-la en 5 parts et couvrez avec un linge. Laissez reposez la pâte 5-10 minutes.
3. Coupez finement l'oignon et dans un bol, mélangez la viande hachée, le sel et le poivre. Prenez une part (en laissant les autres sous le linge), pétrissez légèrement et aplatissez-la. Si elle ne se déroule pas facilement, mettez un peu de farine par-dessus ou retournez la pâte. Aplatissez la pâte le plus finement possible, soit 1/16 po d'épaisseur ou encore plus finement si possible.

Note : Il vous restera peut-être de la garniture à la viande selon l'épaisseur de la pâte.

4. À l'aide d'un emporte-pièce ou d'un verre, coupez des cercles dans la pâte (environ 3,6 po de diamètre) ; en utilisant le plus de pâte possible. Mettez 1 cuillerée à thé de la garniture à la viande au centre de chaque cercle. Pliez ensuite la pâte afin de former le début d'une demi-lune. En gardant la viande à l'intérieur avec le pouce, scellez la pâte comme si vous faisiez une tresse française, pressez les extrémités. (Si cela est trop difficile, pressez simplement les extrémités pour fermer la pâte en demi-lune comme pour les Shishbarak).
5. Faites la même chose avec le reste de la pâte. Roulez les bouts de pâte restants. Disposez les quenelles sur un plateau en laissant un espace entre chaque quenelle et couvrez avec un linge.
6. Dans une grande casserole, amenez à ébullition de l'eau salée à feu élevé. Mettez le feu à moyen. Ajoutez les quenelles une à la fois. Faites cuire pendant 5-7 minutes ou jusqu'à ce qu'elles soient tendres. Les quenelles doivent être translucides et remonter à la surface. Ne cuisez pas plus de 30 quenelles à la fois. Si vous avez plus de 30 quenelles, faites cuire les 30, mettez-les sur un plateau et faites cuire le reste. Réservez ¼ tasse du liquide de cuisson.
7. Pour préparez la première sauce, écrasez 3-7 gousses d'ail (plus ou moins au goût) et mélangez avec le yogourt. Vous pouvez utilisez aussi le mélangeur. La sauce doit être épaisse.
8. Pour la deuxième sauce, mélangez ¾ tasse de vinaigre avec 3-4 gousses d'ail (plus ou moins au goût) et environ ¼ tasse du liquide de cuisson des quenelles. La sauce doit être assez légère.
9. Servez les quenelles avec les sauces au vinaigre et au yogourt dans des bols séparés.

Pour 8 personnes

Raviolis au yogourt
Shishbarak
Liban

Ingrédients

Pâte :

(Pour la pâte, consultez la recette de la soupe aux tortellini, Peel Meen, dans le chapitre des soupes.)

Garniture :
2 lbs de viande hachée
1 gros oignon
4 cuillerées à soupe de beurre
¼ tasse de noix de pin
2 cuillerées à thé de cannelle

4 cuillerées à thé de sel

2 cuillerées à thé de poivre noir

Sauce :
12 tasses de yogourt

3 blancs d'œuf

6 tasses d'eau

4 cuillerées à soupe d'ail écrasé

2 bottes de céleri (2 tasses)

3 cuillerées à thé de sel

2 cuillerées à soupe de fécule de maïs

Décoration :
½ tasse de beurre et ½ tasse de noix de pin

Préparation
1. Utilisez la recette des Peel Meen et pétrissez la pâte jusqu'à ce qu'elle ait la consistance du lobe de l'oreille.
2. Pour préparer la garniture, émincez l'oignon. Faites revenir la viande hachée et l'oignon à feu moyen-doux en remuant constamment la viande avec une cuillère en bois jusqu'à ce qu'elle ait la texture d'une chapelure. Laissez mijoter jusqu'à ce que la viande absorbe tout le liquide dans la poêle. Ajoutez le sel, le poivre et la cannelle.

3. Dans une poêle séparée, faites dorer les noix de pin dans du beurre. Ajoutez la viande ainsi que le jus de cuisson.
4. Pétrissez la pâte en forme de tube et coupez-la en 4 parts égales et couvrez avec un linge afin d'éviter qu'elle ne s'assèche. Farinez la surface où vous voulez dérouler la pâte. Prenez une part et déroulez la pâte à environ 1/8 po d'épaisseur. À l'aide d'un verre, coupez des cercles dans la pâte déroulée. Faites la même chose avec le reste de la pâte.
5. Mettez 1 cuillerée à thé de la garniture à la viande au centre de chaque cercle.
6. Pliez le cercle et pressez les extrémités afin qu'ils ne s'ouvrent pas. Joignez les deux extrémités et pressez. Chaque pièce doit ressembler à un tortellini.
7. Disposez chaque pièce côte à côte sur un plateau sans les empiler. Couvrez le plateau pendant que vous préparez le reste des Shishbarak.
8. Dans une autre grande casserole, mélangez à feu moyen-élevé le yogourt, les blancs d'œuf, le sel et 6 tasses d'eau ; remuez de temps en temps jusqu'à ce que le mélange arrive à ébullition. Diminuez le feu et ajoutez les Shishbarak. Faites cuire environ 10-15 minutes.
9. Émincez le céleri. Ajoutez l'ail et le céleri.
10. Une fois que les pâtes sont cuites, ajoutez 2 cuillerées à soupe de fécule de maïs et ½ tasse d'eau. Remuez doucement et éteignez le feu.
11. Dans une casserole, faites fondre le beurre.
12. Disposez les Shisbarak dans un plat de service ; arrosez d'1/2 tasse de beurre fondu et ajoutez les noix de pin.
13. Servez avec du riz blanc.

Pour 6-8 personnes

Aubergines farcies à l'agneau
Karni Yarik
Empire ottoman

Ingrédients
8 aubergines minces
Huile de tournesol ou huile de maïs pour la friture

Garniture :
½ lb d'agneau ou de bœuf haché ou les deux
1 petit oignon
¼ tasse de persil frais ou 1 cuillerée à soupe de persil séché
¼ tasse de menthe fraîche ou 1 cuillerée à soupe de menthe séchée
¼ tasse d'aneth frais ou 1 cuillerée à soupe d'aneth séché
1 tomate
3-4 gousses d'ail
1 cuillerée à soupe de pâte de tomate
1 cuillerée à soupe de noix de pin
1 cuillerée à thé de cannelle en poudre

1 cuillerée à thé de piment de la Jamaïque en poudre
1 cuillerée à soupe d'huile d'olive
1 cuillerée à thé de sel
½ cuillerée à thé de poivre fraîchement moulu

Décoration :
½ poivron vert, coupé en 4 dans le sens de la longueur
1 tomate, tranchée finement

Sauce :
4 cuillerées à soupe d'huile d'olive
4 cuillerées à soupe d'eau
Jus de 1/2 citron
1 cuillerée à thé de sucre

Préparation
1. Pelez les aubergines dans le sens de la longueur en « zèbre », c'est-à-dire en enlevant de longues bandes de peau sur les aubergines, et en laissant autant de côté. Laissez tremper les aubergines dans de l'eau salée pendant 1 heure.
2. Préchauffez le four à 400 F.
3. Hachez finement l'oignon et les herbes ; pelez les tomates et coupez-les finement. Écrasez l'ail. Mélangez avec 1 cuillerée à thé de sel. Dans un grand bol, avec vos mains, mélangez tous les ingrédients. Pétrissez bien pendant 10 minutes jusqu'à ce que le mélange ressemble à une pâte.
4. Égouttez les aubergines et séchez avec un linge.
5. Faites chauffer suffisamment d'huile afin de frire chaque aubergine.
6. Faites frire chaque aubergine à feu moyen-doux jusqu'à ce qu'elle soit d'un brun doré. Disposez-la dans un plat creux pour le four.
7. Coupez chaque aubergine dans le sens de la longueur, d'un bout à l'autre. Ne coupez pas l'extrémité de l'aubergine. Ouvrez doucement l'aubergine avec une fourchette. Fourrez les aubergines avec la garniture ; les aubergines doivent ressembler à des canoés.
8. Décorez le dessus avec une tranche de poivron vert et une tranche de tomate.

9. Mélangez les ingrédients de la sauce et arrosez ce mélange sur chaque aubergine. Couvrez le plat avec du papier en aluminium. Faites cuire pendant 25-30 minutes ; retirez le papier et faites cuire pendant 40 minutes ou jusqu'à ce que la viande soit tendre et que le liquide soit absorbé.
10. Servez chaud ou froid.

Pour 4 personnes

Champignons farcis à la viande hachée

Ingrédients
½ lb de viande hachée
1 oignon moyen
2 cuillerées à thé de sel
1 cuillerée à thé de poivre
1 cuillerée à thé de cannelle
¼ tasse de noix de pin
20 champignons blancs moyens
3 cuillerées à soupe d'huile de maïs ou de beurre
1/8 tasse de jus de citron
1 tasse d'eau

Préparation
1. Préchauffez le four à 400 F.
2. Coupez finement l'oignon et hachez le persil. Faites revenir la viande hachée et l'oignon à feu moyen-doux ; remuez de temps en temps jusqu'à ce que la viande libère et réabsorbe son jus. Ajoutez une cuillerée à thé de sel, de poivre et de cannelle.
3. Dans une poêle, faites dorer les noix de pin dans de l'huile de maïs ou dans du beurre. Ajoutez les noix de pin et l'huile à la viande.
4. Mettez une cuillerée à soupe de viande hachée à l'intérieur de chaque champignon.
5. Disposez les champignons dans un grand plat de Pyrex. Ajoutez l'eau, le jus de citron et la cuillerée à thé de sel.
6. Faites cuire dans le four pendant 20 minutes à 400 F.

Servez chaud ou tiède.
Pour 6-8 personnes

Tomates et poivrons farcis
Etli Domatesli Dolmasi
Turquie

Ingrédients
2 lbs de tomates fermes
½ lb de poivrons verts
1 lb de viande hachée
2 oignons moyens, coupés finement
3 cuillerées à soupe de beurre
¼ tasse de noix de pin
4 gousses d'ail
1 ½ cuillerée à thé de sel
½ cuillerée à thé de poivre
½ cuillerée à thé de cannelle
¼ tasse de jus de citron
1 cuillerée à thé de menthe séchée

Préparation
1. Préchauffez le four à 400 F.
2. Lavez tous les légumes et séchez.
3. Coupez finement les oignons et faites revenir avec la viande hachée dans 1 cuillerée soupe de beurre à feu moyen. Ajoutez 1 cuillerée à thé de sel, de poivre et de cannelle et mélangez. Retirez du feu et réservez.
4. Dans une poêle séparée, faites dorer les noix de pin dans 1 cuillerée à soupe de beurre à feu moyen. Retirez du feu et incorporez les noix de pin et le jus de cuisson dans la viande hachée.
5. Coupez le dessus de chaque tomate et réservez. Retirez la pulpe à l'aide d'une cuillère en laissant la chair afin que la tomate garde sa forme durant la cuisson ; gardez la pulpe. Garnissez les tomates avec le mélange à la viande et fermez la tomate avec le dessus que vous avez tranché auparavant.

6. Coupez le dessus de chaque poivron et réservez. Retirez les pépins et la partie blanche. Garnissez les poivrons avec la viande et fermez avec le dessus que vous avez tranché auparavant.
7. Disposez les tomates et les poivrons farcis dans un plat allant au four.
8. Écrasez l'ail et mélangez avec ½ cuillerée à thé de sel et la pulpe. Ajoutez le jus de citron, la menthe, et 1 cuillerée à soupe de beurre. Versez ce mélange sur les tomates et les poivrons farcis.
9. Couvrez le plat avec du papier en aluminium et faites cuire dans le four préchauffé pendant 50 minutes, ou jusqu'à ce que les légumes soient tendres.
10. Servez chaud avec du riz.

Pour 4-6 personnes

Courgettes et aubergines farcies
Cousa Batenjan Mahshi
Moyen-Orient

Ingrédients
Garniture :
2 lbs de petites aubergines*
2 lbs de petites courgettes*
1 tasse de riz non cuit
1 lbs de viande hachée crue
½ cuillerée à thé de sel
¼ cuillerée à thé de poivre noir
¼ cuillerée à thé de cannelle

*Les légumes doivent avoir la même taille, environ 6 pouces en longueur.

Sauce :
5 cuillerées à soupe de pâte de tomate
5 tasses d'eau
2 cuillerées à thé de sel
¼ tasse de jus de citron
5 gousses d'ail
2 cuillerées à soupe de menthe séchée

Préparation
1. Préchauffez le four à 350 F.
2. Lavez et séchez les légumes. Coupez les extrémités des légumes. À l'aide d'une cuillère, retirez la chair des légumes en commençant par le haut afin d'obtenir un trou d'1/2 po au centre du légume. (Ne percez pas le légume)
3. Rincez le riz à l'eau froide plusieurs fois jusqu'à ce que l'eau soit claire. Mélangez le riz non cuit avec la viande et assaisonnez avec le sel, le poivre et la cannelle.

4. Garnissez les légumes avec le mélange de riz et de viande et disposez-les dans un plat en Pyrex de 13x9x2.
5. Écrasez l'ail et dans un bol, mélangez la pâte de tomate, l'eau, le sel, le jus de citron et la menthe. Versez doucement ce mélange sur les légumes farcis.
6. Couvrez et faites cuire 1 heure ou jusqu'à ce que la garniture soit bien cuite et que les légumes soient tendres. Servez chaud.

Pour 8 personnes

Hajjah Nazihe Adil Kabbani

Pain à la viande aux œufs et aux petits pois
Kafta ma'al Bazalla wal-Bayd
Liban

Ingrédients

- 1 oignon moyen
- ½ bouquet de persil (1/2 tasse)
- 6 oeufs
- 1 lb de viande hachée
- 2 cuillerées à thé de sel
- 1 ½ cuillerée à thé de poivre
- 1 cuillerée à thé de cannelle
- 2 tasses de petits pois congelés

Préparation

1. Hachez finement l'oignon et le persil ; faites bouillir les 5 œufs.
2. Avec vos mains, mélangez la viande hachée, l'oignon, le persil, le sel, le poivre et la cannelle.
3. Préchauffez le four à 350 F.

Méthode 1 pour garnir la viande avec les œufs et les petits pois :

Disposez une pellicule plastique sur une planche à découper. Étalez la viande dessus et aplatissez. Mettez les œufs entiers et les petits pois décongelés au milieu de la viande. Prenez un côté de la pellicule plastique et ramenez-la vers le centre. Prenez l'autre côté de la pellicule plastique et ramenez-la aussi vers le centre. Pressez la viande au milieu et sur les côtés pour couvrir les œufs et les petits pois. Huilez légèrement le plat allant au four. Soulevez doucement la viande en forme de bûche, placez-la au bord du plat allant au four et déroulez lentement la pellicule plastique. Transférez la viande doucement afin d'éviter qu'elle ne se défasse. Le côté scellé de la viande doit être au-dessus.

Méthode 2 pour garnir la viande avec les œufs et les petits pois:
Étalez la viande dans un plat allant au four de 15 po de long. Disposez les œufs au milieu de la viande. Ajoutez les petits pois au-dessus des œufs. Ramenez vers le centre un côté de la viande doucement et faites la même chose pour l'autre côté. Avec vos doigts, scellez le dessus et les extrémités de la viande en forme de bûche.

4. Faites cuire à découvert à 350 F pendant deux heures. Servez chaud.

Pour 4-6 personnes

Kafta avec des pommes de terre
Liban

Ingrédients
Kafta :
2 oignons
1 cuillerée à soupe de persil italien
2 lbs de viande hachée
1 cuillerée à soupe de sel
½ cuillerée à soupe de poivre
½ cuillerée à soupe de cannelle
½ cuillerée à soupe de cumin en poudre
½ tasse de noix de pin
2-4 cuillerées à soupe de pâte de tomate
1/3 tasse de jus de citron
2 cuillerées à soupe de sel

Pommes de terre :(Voir la recette des frites maison *Battata Maqlia*, dans le chapitre des légumes d'accompagnement)

Préparation
1. Préchauffez le four à 300 F.
2. Hachez les oignons et le persil ; mélangez avec la viande hachée, le sel, le poivre, la cannelle et le cumin. Avec vos mains, faites des petites galettes plates de la taille de votre paume. Placez 4-5 noix de pin au milieu de la galette, près du bord et aplatissez un peu avec vos mains.
3. Placez les galettes dans un plat pour le four non huilé et faites cuire pendant 30 minutes. Tournez les galettes et faites cuire l'autre côté pendant 20 minutes. Réservez.
4. Pour la sauce, mélangez dans un grand bol la pâte de tomate, le jus de citron, le sel et environ 2 tasses d'eau.
5. Placez les frites sur les galettes et ajoutez la sauce afin de couvrir légèrement la viande et les pommes de terre.

6. Mettez le plat au four et faites cuire à découvert à 300 F jusqu'à ce que la sauce arrive à ébullition et que l'eau se soit un peu évaporée.
7. Servez avec une salade et du pain pita. Servez chaud.

Pour 6-8 personnes

Viande hachée savoureuse avec des quartiers de tomates
Kafta bi-Siniyya
Syrie

Ingrédients
½ bouquet de persil (1/2 tasse)
1 gros oignon
2 lbs de viande hachée
1 cuillerée à soupe de sel
1 cuillerée à thé de poivre
2 cuillerées à thé de cannelle
1 cuillerée à thé de cumin en poudre
6 grosses tomates

Préparation
1. Préchauffez le four à 300 F.
2. Hachez le persil et coupez finement l'oignon. Avec vos mains, mélangez dans un grand bol la viande hachée, l'oignon, le persil, le sel, le poivre, la cannelle et le cumin. Note : Pour plus de goût, ce mélange peut être préparé la veille et réfrigéré toute la nuit.
3. Étalez la viande dans un grand plat pour le four ; aplatissez.
4. Coupez les tomates en quartiers d'1/2 po d'épaisseur et disposez-les de manière décorative sur la viande.
5. Faites cuire à découvert à 300 F jusqu'à ce que les jus se soient partiellement évaporés. Diminuez le four à 200 F et poursuivez la cuisson pendant 20-30 minutes.

Note : Assurez-vous que tout le liquide ne s'évapore pas, car la viande sera sèche.
6. Coupez en triangles comme pour une pizza et servez chaud accompagné de frites, de salade et de pain pita.

Pour 4-6 personnes

Casserole de spaghettis à la viande hachée
Firinda Macarna
Chypre

C'est le premier plat que Hajjah Naziha a préparé lors d'un cours d'économie domestique auquel elle a assisté quand elle avait 13 ans. Son professeur s'appelait Saliha.

Ingrédients

2 cuillerées à soupe d'huile d'olive
3 1/2 cuillerées à thé de sel
2 paquets de spaghettis
1 oignon moyen
1 lb de viande hachée
1 bouquet de persil (1 tasse)
1 cuillerée à thé de poivre
1 cuillerée à thé de cannelle
3 tasses de fromage mozzarella ou de cheddar blanc
½ tasse de beurre + 2 cuillerées à soupe de beurre
½ tasse de farine
4 ½ tasses de lait entier
5 œufs

Préparation

1. Préchauffez le four à 350 F.
2. Dans une grande casserole, amenez l'eau à ébullition ; ajoutez ½ cuillerée à thé de sel. Ajoutez les spaghettis sans les casser. Faites cuire les spaghettis en fonction des directives sur l'emballage. Égouttez les spaghettis et rincez-les avec de l'eau froide pour éviter qu'ils ne continuent de cuire.
3. Coupez finement l'oignon et hachez le persil. Faites revenir la viande hachée avec l'oignon à feu moyen-doux, remuez de temps en temps jusqu'à ce que la viande libère son jus et le réabsorbe. Ajoutez une cuillerée à thé de sel, de poivre, de cannelle, et la moitié du persil.
4. Râpez le fromage et mélangez-le avec le reste du persil.
5. Avec 1 cuillerée à soupe de beurre, beurrez un grand plat pour le four en Pyrex (15x10x2) ou beurrez un grand plat rond en métal (18 pouces de diamètre et 2 ½ pouces de profondeur ; ce plat est disponible dans les épiceries du Moyen-Orient) avec 2 cuillerées à soupe de beurre. Placez une couche de spaghettis de 1/3 po dans le plat.
6. Ensuite, étalez une couche de viande hachée sur les spaghettis; aplatissez avec votre main

7. Placez une troisième couche de spaghettis sur la viande hachée. Étalez le mélange fromage persil sur les spaghettis.
8. Placez la dernière couche de spaghettis sur le fromage.

Sauce béchamel :
1. Dans une grande casserole, faites fondre ½ tasse de beurre. Mélanger le beurre fondu avec la farine à feu moyen jusqu'à ce soit bien mélangé et doré.
2. Ajoutez le lait entier, les œufs et le reste du sel. Continuez de remuer avec un fouet jusqu'à ce que le mélange épaississe et qu'il ait la consistance d'un pouding. Note : Les œufs ajoutent de la saveur comparé à une sauce béchamel nature.
3. Versez la béchamel sur les spaghettis en commençant vers le milieu et en étalant bien la sauce afin qu'elle couvre les spaghettis. La sauce doit être suffisamment épaisse pour rester au-dessus des spaghettis sans être absorbée.
4. Faites cuire à découvert sur la grille du milieu, dans le four préchauffé pendant 30 minutes ou jusqu'à ce que le dessus soit d'un brun doré. Servez chaud.

Pour 6-8 personnes

Tourte à la viande et aux pommes de terre
Belish
Russie

Quand Hajjah Nazihe était jeune, elle allait avec sa famille rendre visite à sa grand-mère chaque vendredi. Le vendredi est un jour de congé pour les musulmans, c'est le jour de la prière et l'occasion de visiter la famille et les amis. La grand-mère de Hajjah Nazihe préparait ce plat qui symbolisait la célébration et la joie quand tous les enfants venaient la voir. Tout le monde adore ce plat !

Ingrédients
2 ½ lbs de bœuf ou d'agneau
6 pommes de terre moyennes

2 ½ tasses d'eau

½ tasse de yogourt nature

1 ½ cuillerée à soupe de sel

½ tasse de beurre

1 gros oignon

7 tasses de farine

1 cuillerée à soupe + 1 cuillerée à thé de poivre

1 œuf

Préparation
1. Préchauffez le four à 350 F.
2. Coupez le bœuf en cubes de ½ po. Pelez les pommes de terre et coupez-les en cubes de ¾ de po.
3. Dans un grand bol en métal, mélangez l'eau et le yogourt ; ajoutez le sel et remuez. Faites fondre 2 cuillerées à soupe de beurre et ajoutez-le au mélange ; remuez.
4. Ajoutez la farine, pétrissez la pâte avec une main tout en attrapant le bol avec l'autre. Soulevez la pâte et continuez de pétrir sur le comptoir jusqu'à ce qu'elle ait la consistance du lobe de l'oreille. Si la pâte est trop collante ou trop fine, ajoutez de la farine. Si elle est trop sèche, mouillez vos mains et travaillez la pâte. Couvrez la pâte avec un bol et réservez.
5. Dans un autre bol, mélangez la viande, les pommes de terre et assaisonnez avec le sel et le poivre.
6. Avec 1 cuillerée à soupe de beurre, beurrez un grand plat rectangulaire en Pyrex pour le four (15x10x2) ou beurrez un grand plat rond en métal (18 pouces de diamètre et 2 ½ pouces de profondeur ; ce plat est disponible dans les épiceries du Moyen-Orient).
7. Prenez un tiers de la pâte et mettez-la en boule ; réservez sous un bol. Prenez les 2/3 restant de la pâte. Déroulez-la en ¼ d'épaisseur en rectangle ou en cercle, selon la forme et la taille du plat. La pâte doit être un peu plus large que le plat car elle doit dépasser de quelques pouces. Note : Mettez un peu d'eau sur le rouleau à pâtisserie pour éviter qu'il ne colle sur la pâte.
8. Étalez la pâte sur le plat. Ensuite, mettez le mélange de viande sur la pâte. Ajoutez 5 cuillerées à soupe de beurre sur le mélange de viande.

9. Déroulez le 1/3 de la pâte qui reste; elle doit être légèrement plus petite que la taille du plat utilisé Placez la pâte déroulée au-dessus du mélange de viande. Faites rejoindre les extrémités de la pâte du haut et celles du dessous. Pressez les deux pâtes pour sceller, comme pour un fond de tarte. Faites un trou au milieu. Prenez un peu de pâte restante et faites une boule de 1 po de diamètre ; placez-la sur le trou. Note : Il n'y a pas d'entailles dans la pâte. Elle doit être complètement scellée afin que la vapeur cuise la garniture.
10. Dans un bol, battez un œuf et avec un pinceau, étalez l'œuf sur le dessus. La tourte aura une couleur dorée à la cuisson.
11. Faites cuire au four préchauffé à 350 F sur la grille du milieu pendant 2 h ½. Le dessus doit être doré. Afin de s'assurer que la tourte est complètement cuite, avant de servir, retirez doucement la boule de pâte placée au-dessus et prélevez un morceau de pomme de terre avec une fourchette. Si la pomme de terre est cuite ; le plat (Belish) est prêt. Si la pomme de terre n'est pas cuite, couvrez avec du papier en aluminium et remettez au four encore 15 minutes. Goûtez encore avant de servir.
12. La croûte est un peu craquante. Servez chaud.

Pour 6-8 personnes

Les plats mijotés

Les plats à base de viande qui sont présentés dans ce chapitre s'appellent en arabe « *yekhni* ». Il s'agit de légumes et de viande cuits ensemble. Dans ce chapitre, on les a traduits par « plats mijotés » car ils sont servis comme une sauce pour accompagner le riz. Les plats mijotés à la viande représentent un plat principal pratique étant donné que tous les ingrédients sont cuits ensemble ; ce qui rend le nettoyage plus facile. Traditionnellement, les plats mijotés sont servis dans un grand plat creux et sont accompagnés de riz.

Mijoté de boulettes de viande et épinards
Chypre

Ingrédients
Boulettes de viande :
1 oignon moyen
½ bouquet de persil (1/2 tasse)
2 cuillerées à thé de sel
1 cuillerée à thé de poivre
1 cuillerée à thé de cannelle
1 lb de viande hachée
½ tasse d'huile de maïs

Sauce :
3 ½ lbs d'épinards frais
3 cuillerées à soupe de pâte de tomate
¾ tasse de jus de citron
7 tasses d'eau
5 cuillerées à thé de sel
¼ cuillerée à thé de poivre
2 cuillerées à thé de cannelle

Préparation

Boulettes de viande :
1. Coupez finement l'oignon ; lavez et hachez le persil.
2. Avec vos mains, mélangez l'oignon, le persil, le sel, le poivre et la cannelle. Incorporez ensuite la viande hachée et mélangez ; laissez mariner pendant 10 minutes.
3. Faites des boulettes de viande de ¾ po de diamètre ; environ une cuillerée à thé de viande.
4. Faites chauffer l'huile dans une grande casserole pour la soupe à feu élevé. Ajoutez les boulettes de viande et faites revenir jusqu'à ce qu'elles soient d'une couleur brun foncé ;

tournez-les de temps en temps afin qu'elles cuisent uniformément. Retirez les boulettes de viande et réservez.

La sauce :
1. Lavez et coupez les épinards y compris les tiges. ; faites-les bouillir à feu élevé. Faites bouillir les épinards pendant 5 minutes jusqu'à ce qu'ils rétrécissent et qu'ils aient une couleur vert foncé. Égouttez et rincez avec de l'eau froide. Pressez les épinards pour enlever l'excédent d'eau et réservez.
2. Dans un petit bol, mélangez la pâte de tomate et le jus de citron ; versez le mélange dans les boulettes de viande. Ajoutez les épinards et 7 tasses d'eau dans la casserole. Ajoutez le sel, le poivre et la cannelle. Amenez à ébullition à feu élevé.
3. Diminuez le feu à moyen et laissez mijoter pendant 15 minutes si vous utilisez une marmite à pression. Si vous utilisez une casserole normale, laissez mijoter pendant 30 minutes.
4. Servez dans un plat de service creux. Servez chaud.

Pour 4-6 personnes

Mijoté de bœuf et haricots plats
Lubya bil-Lahma
Liban

Ingrédients
3 lbs de bœuf en cubes
¼ tasse d'huile de maïs
4 cuillerées à thé de sel
Huile (pour la friture)
4 lbs d'haricots plats (disponibles dans les épiceries méditerranéennes ; ils sont larges et plats, on les appelle « lubiyya » ou « fusiliya khudra areeda » en arabe)
1 cuillerée à soupe de poivre
3 cuillerées à soupe de cannelle

Préparation

1. Faites chauffer de l'huile dans une marmite à pression ou dans une casserole normale à feu moyen-élevé. Quand l'huile est chaude, faites revenir la viande jusqu'à ce qu'elle soit brune.
2. Entre temps, dans une casserole séparée, faites chauffer l'huile à feu élevé pour les haricots. Ajoutez une cuillerée à thé de sel dans l'huile pour éviter les éclaboussures. Une fois que l'huile est chaude, faites frire les haricots jusqu'à ce qu'ils soient légèrement dorés ; remuez de temps en temps afin qu'ils cuisent uniformément. Une fois que tous les haricots sont frits, ajoutez-les à la viande dans la marmite à cuisson. Versez 9 tasses d'eau pour couvrir les haricots. Ajoutez aussi le reste du sel, du poivre et de la cannelle.
3. Couvrez et amenez à ébullition à feu élevé. Diminuez le feu à moyen et laissez mijoter pendant 20 minutes. Si vous utilisez une casserole normale, laissez mijoter pendant 40 minutes ou jusqu'à ce que les cubes de viande soient tendres.
4. Servez dans un plat de service creux. Servez chaud.

Pour 6-8 personnes

Mijoté de bœuf et haricots verts
Etli Yesil Fasulye
Chypre

Ingrédients
4 ½ lbs d'haricots verts frais ou congelés
2 oignons moyens
2 grosses tomates
2 ½ lbs de viande en cubes sans os
¼ tasse d'huile de maïs
5 tasses d'eau
2 cuillerées à soupe + 1 cuillerée à thé de sel
1 cuillerée à soupe de poivre
¼ tasse de jus de citron

Préparation
1. Si vous utilisez des haricots verts congelés, rincez-les et pressez pour enlever l'excédent d'eau. Coupez les bouts des haricots verts et tranchez au milieu dans le sens de la longueur, ensuite coupez des morceaux de 1 ½ po. Coupez finement les oignons et les tomates.
2. Coupez la viande en cubes de 1 po.
3. Faites chauffer une marmite à pression ou une casserole normale à feu moyen sans mettre de l'huile ; ajoutez les cubes de viande et faites brunir. Faites cuire jusqu'à ce que la viande libère et réabsorbe son jus.
4. Ajoutez ¼ de tasse d'huile de maïs dans la casserole ; augmentez le feu. Lorsque l'huile est chaude, ajoutez les haricots verts et faites revenir avec la viande pendant dix minutes ou jusqu'à ce que les haricots soient d'une couleur vert foncé. Remuez constamment pour éviter que le mélange ne colle.
5. Ajoutez 5 tasses d'eau ainsi que le sel, le poivre et le jus de citron. Si vous utilisez une marmite à pression, couvrez et amenez à ébullition à feu élevé. Réduisez le feu à moyen et poursuivez la cuisson pendant 30 minutes. Si vous utilisez une casserole normale, laissez mijoter pendant 60 minutes ou jusqu'à ce que la viande soit tendre.

6. Servez dans un plat de service creux. Servez chaud.

Pour 4-6 personnes

Molokhiya à la viande
Etli Molokhiya
Chypre

Le plat du roi

Le mot « Molokhiya » qui vient du mot « *Malek* » ou « *Maleka* » était employé pour désigner le « roi » durant le Califat Umayyade. Seuls les amirs (princes) et les califes mangeaient les feuilles de Molokhiya. Les gens ordinaires n'étaient pas autorisés à manger ce plat. Lorsque la dynastie Umayyade prit fin et fut remplacée par les Abbasides, ceux-ci changèrent le nom de cette feuille. « *Maleka* » devint « *Molokhiya* » et les gens ordinaires furent autorisés à manger ce plat.

Ingrédients

2 lbs de viande en cubes (c'est meilleur avec les os)
1 gros oignon
4-5 tomates moyennes
2 cuillerées à soupe de pâte de tomate
½ tasse de jus de citron
12 tasses d'eau
1 lb de feuilles de Molokhiya sèches (environ 14 poignées)
Note : Les feuilles de Molokhiya sont disponibles dans les épiceries méditerranéennes ou dans les épiceries arabes.
¾ tasse d'huile de maïs
3 cuillerées à thé de sel
3 cuillerées à thé de poivre
1 tête d'ail
½ tasse d'huile d'olive

Note : Utilisez une poignée de feuilles de Molokhiya par personne.

Préparation

1. Laissez tremper les feuilles dans de l'eau chaude pendant une demi-heure.
2. Lavez la viande et coupez des cubes de 2 po d'épaisseur. Faites chauffer la marmite à pression ou une casserole à feu élevé. Ajoutez la viande et faites revenir sans ajouter l'huile jusqu'à ce que la viande libère et réabsorbe son jus. Ajoutez le sel et le poivre.
3. Coupez finement l'oignon et ajoutez-le à la viande ; faites cuire jusqu'à ce que l'oignon soit tendre. Pelez les tomates et coupez-les grossièrement. Ajoutez les 4-5 tomates et faites revenir jusqu'à ce qu'elles soient tendres. Incorporez la pâte de tomate, ¼ tasse de jus de citron et de l'eau.
4. Égouttez les feuilles de Molokhiya dans une passoire fine et rincez-les à l'eau froide. Pressez les feuilles de Molokhiya, une poignée à la fois, afin d'enlever l'excédent d'eau. Ajoutez les feuilles de Molokhiya à la viande et remuer. Écrasez la tête d'ail et incorporez les gousses d'ail au mélange de viande et de feuilles de Molokhiya.

5. Si vous utilisez une marmite à pression, couvrez et amenez à ébullition à feu élevé. Diminuez le feu et faites cuire pendant 40 minutes. Si vous utilisez une casserole normale, faites cuire pendant une heure et demie.
6. Lorsque les feuilles sont tendres et que la viande est cuite, ajoutez ½ tasse d'huile d'olive et le reste du jus de citron.
7. Note : Les feuilles de Molokhiya doivent être tendres. Si vous ajoutez beaucoup de jus de citron, les feuilles vont durcir. C'est pour cela que la moitié du jus de citron est ajoutée à la fin de la cuisson.
8. Transférez dans un plat de service creux et servez chaud.

Pour 6-8 personnes
Servez avec du riz blanc et des petits oignons.

Mijoté de viande aux aubergines
Yeknit Batinjan bil-Lahma
Moyen-Orient

C'est un des plats préférés de Sajida Kabbani.

Ingrédients
2 lbs de bœuf en cubes
1 oignon
1 cuillerée à soupe + 1 cuillerée à thé de sel
2 cuillerées à thé de poivre
1 cuillerée à thé de cannelle
6 lbs d'aubergines
Sel pour saupoudrer les aubergines
4 cuillerées à soupe de pâte de tomate
4 ¼ tasses d'eau
½ tasse d'huile de maïs
2 têtes d'ail
½ tasse de jus de citron

Préparation

1. Coupez le bœuf en morceaux de la taille de « la tête d'un oiseau », 1 po de long et 1/8 po d'épaisseur.
2. Faites chauffer une grande casserole à feu élevé. Une fois la casserole chaude, faites brunir la viande à feu moyen sans ajouter l'huile. Faites revenir jusqu'à ce que la viande libère et réabsorbe son jus. Coupez finement l'oignon. Ajoutez l'oignon coupé, le sel, le poivre et la cannelle dans la viande.
3. Pelez les aubergines et coupez-les en cubes de ¾ po ; saupoudrez-les de sel pour extraire le jus amer.
4. Faites dissoudre 4 cuillerées à soupe de pâte de tomate dans ¼ de tasse d'eau. Ajoutez la pâte de tomate et le jus de citron dans la viande ainsi que l'huile de maïs et laissez mijoter pendant quelques minutes. Ajoutez ensuite 4 tasses d'eau.
5. Pressez les cubes d'aubergine pour extraire le jus amer ; ajoutez-les à la viande avec les gousses d'ail et ¼ tasse du jus de citron restant. Amenez à ébullition à feu élevé. Couvrez et diminuez le feu.
6. Laissez mijoter pendant 45 minutes-1 heure, ou jusqu'à ce que la viande soit tendre.
7. Transférez dans un plat et servez chaud.

Pour 6-8 personnes

Desserts

Le jeune esprit de Hajjah Naziha

Quand elle avait dix ans, Hajjah Naziha aidait ses parents en faisant visiter la ville de Damas aux disciples de son père. Elle ne perdait aucun des disciples. Elle allait devant le groupe en disant : « Ne courez pas ». Ensuite, elle allait derrière et disait : « Marchez lentement » et ainsi le groupe restait ensemble.

Afin qu'il ne laisse pas les retardataires, elle disait au conducteur d'autobus qui les conduisait : « Ne soyez pas pressé. Je dois m'occuper de beaucoup de personnes ».

Une femme qui avait l'intention d'aller faire le pèlerinage était âgée et très grosse. Elle avait de la difficulté à se déplacer et ils ne savaient pas comment l'aider à monter dans l'autobus. Hajjah Naziha trouva la solution. Elle demanda à la dame de monter une marche et de se tenir à la barre de l'autobus et ensuite Hajjah Naziha posa son autre pied sur la seconde marche. La dame fut très contente et dit : « Personne ne savait comment m'aider à monter dans l'autobus, mais cette petite fille est très intelligente. »

Pouding au riz
Muhallabiyyah
Liban

Ingrédients
1 tasse de riz à grain court
8 tasses de lait
2 tasses de sucre
½ tasse de pistaches, hachées finement
1 tasse d'eau
2 cuillerées à soupe de fécule de maïs dissoute dans ¼ tasse d'eau
Eau de fleur d'oranger

Préparation
1. Lavez le riz. Mettez-le dans l'eau et amenez à ébullition. Lorsque le riz est cuit, égouttez et réservez.
2. Dans une casserole séparée, faites chauffer le lait à feu élevé. Une fois que le lait est amené à ébullition, ajoutez le riz dans le lait.
3. Incorporez doucement le sucre dans le lait et le riz. Remuez constamment pour éviter de brûler le lait.
4. Dans petit bol, faites dissoudre la fécule de maïs dans ¼ tasse d'eau froide. Incorporez-la au riz et au lait.
5. Ajoutez l'eau de fleur d'oranger.
6. Transférez dans des bols individuels et décorez avec des pistaches. Laissez refroidir au réfrigérateur.
7. Servez froid.

Pour 6 personnes

Pommes et poires au four

<u>Ingrédients</u>
3 pommes (n'importe quelle variété sucrée)
Poires Bartlett (ou une autre variété juteuse)
¼ d'un bâton de beurre
1 ½ - 2 cuillerées à thé de cannelle moulue
6-8 cuillerées à thé de sucre brun
36 raisins (facultatif)
6 cuillerées à thé de noix hachées (facultatif)
24 clous de girofle

Préparation

1. Préchauffez le four à 350 F.
2. Coupez les pommes et les poires en deux. Retirez les pépins avec un couteau d'office ou avec une petite cuillère. Disposez les moitiés de pommes et de poires dans un plat pour le four en Pyrex 13x9x2.
3. Placez des noix de beurre au centre de chaque moitié.
4. Saupoudrez de cannelle. Placez 2 clous de girofle dans chaque moitié avec 3 raisins ou ½ cuillerée à thé de noix.
5. Mettez ½ cuillerée à thé de sucre brun au centre de chaque fruit, répartissez-le sur le beurre, les clous de girofle, les raisins, et/ou les noix. Faites cuire pendant 45 minutes.
6. Servez chaud avec une boule de crème glacée à la vanille. Versez le sirop sur la crème glacée.

Pour 6 personnes

Oranges farcies au sorbet à l'orange

Ingrédients
10 oranges juteuses
1-2 tasses de jus d'orange
1 cuillerée à soupe d'eau de fleur d'oranger
2 tasses de sucre
Feuilles de menthe pour décorer

Préparation
1. Coupez les oranges en deux. À l'aide d'un presse-fruits, pressez les oranges pour en extraire le jus.

2. Réservez 12 moitiés d'orange. À l'aide d'une cuillère, retirez la pulpe des oranges réservées ; il se peut que vous ayez à retirer certains morceaux avec vos mains. À la fin, vous devriez avoir douze moitiés d'orange évidées avec un peu ou pas de pulpe à l'intérieur.
3. Disposez les moitiés d'oranges sur un plateau et mettez-les au congélateur ou empilez-les dans un sac de congélation. Laissez-les au congélateur au moins 4-5 heures ou toute une nuit.
4. Égouttez le jus d'orange pour retirer la pulpe. Vous devriez avoir environ 5 tasses de jus d'orange frais. Ajoutez 1 tasse de jus d'orange ou suffisamment de jus pour avoir 6 tasses de jus. Dans un bol, mélangez le jus avec l'eau de fleur d'oranger. Ajoutez 2 tasses de sucre ; mélangez bien. (Note : Si vous utilisez une machine à crème glacée, faites refroidir le mélange de jus d'orange et suivez les directives du fabricant ; passez à l'étape 9.)
5. Versez dans un plat creux en Pyrex 15x10x2 ; remplissez le plat jusqu'à 1 po de profondeur. Mettez le plat au congélateur.
6. Après 1 ½ heure, enlevez le plat du congélateur et mélangez avec une fourchette ; le mélange doit être mousseux et fondant. Remettez au congélateur.
7. Répétez l'étape 5.
8. Mettez de nouveau au congélateur pendant 2 h ½ ou jusqu'à ce que le mélange soit dur au toucher.
9. Retirez du congélateur les moitiés d'oranges évidées et garnissez-les avec le sorbet. Disposez une feuille de menthe au-dessus de chaque orange. Mettez les oranges farcies dans un plat en Pyrex et congelez pendant une heure.
10. Servez froid.

Pouding à la noix de coco

Ingrédients
7 onces de noix de coco râpée
6 tasses de lait entier
14 onces de lait de coco en conserve
1 ½ tasse de sucre
1 ¼ de cuillerée à thé d'extrait de noix de coco
7 cuillerées à soupe de fécule de maïs
1 ½ tasse de crème à fouetter
¼ tasse de sucre

Préparation

1. Préchauffez le four à 350 F. Faites dorer la noix de coco râpée sur une plaque de cuisson pendant 7-12 minutes, mélangez 4-5 fois jusqu'à ce qu'elle soit dorée uniformément sans la brûler.
2. Avec un fouet, mélangez dans un bol le lait, le lait de coco, le sucre et l'extrait de noix de coco. Une fois que tous les ingrédients sont bien incorporés, versez le mélange dans une casserole à fond épais ; ajoutez la fécule de maïs.
3. Faites chauffez le mélange à feu moyen ; remuez constamment jusqu'à ce que le mélange épaississe et commence à bouillir. Éteignez le feu et ajoutez la moitié de la noix de coco grillée.
4. Versez le pouding dans des bols individuels. Réfrigérez pendant 3-4 heures.
5. Fouettez la crème et le sucre jusqu'à ce qu'elle soit ferme ; réservez.
6. Disposez une cuillerée de crème fouettée sur chaque pouding. Décorez avec le reste de la noix de coco grillée.
7. Servez froid.

Pour 6-8 personnes

Compote d'abricots

Ingrédients
16 tasses d'eau mélangée avec le jus d'un citron moyen
2 ¼ tasses de sucre
1 ¼ de cuillerée à soupe de clous de girofle
5 bâtons de cannelle
3 tasses d'abricots turcs séchés
1 cuillerée à soupe de fécule de maïs
½ tasse d'eau froide

Préparation

1. Amenez à ébullition l'eau, le jus de citron, le sucre, les clous de girofle et les bâtons de cannelle à feu moyen-élevé. Faites bouillir rapidement pendant 5 minutes ; retirez du feu. Enlevez la moitié des clous de girofle avec une cuillère à égoutter.
2. Ajoutez les abricots et remuez de temps en temps ; laissez mijoter à feu moyen-doux pendant 35-40 minutes ou jusqu'à ce que les abricots soient tendres. Retirez les bâtons de cannelle.
3. Dans un bol séparé, faites dissoudre la fécule de maïs dans de l'eau froide.
4. Lorsque les abricots sont tendres, ajoutez la fécule de maïs dissoute dans l'eau et laissez mijoter 1 minute. Retirez du feu.
5. Réfrigérez. Servez dans des bols individuels.

Pour 6-8 personnes

Pouding renversé au lait et à l'orange

Ingrédients
4 tasses de jus d'orange
½ tasse de sucre
8 cuillerées à soupe de fécule de maïs
4 tasses de lait entier
1 tasse de sucre
1 cuillerée à thé de vanille

Préparation
1. Dans une casserole, faites chauffer le jus d'orange et le sucre à feu moyen. Sans cessez de remuer, ajoutez 4 cuillerées à soupe de fécule de maïs jusqu'à ce que le mélange épaississe ; il doit avoir la consistance d'une sauce.
2. Versez dans 7 bols ; ne remplissez pas les bols plus de la moitié. Laissez refroidir pendant 5-10 minutes ou jusqu'à ce qu'une enveloppe fine se forme au-dessus des poudings. Il est important d'attendre que l'enveloppe se forme avant d'ajouter la deuxième couche au lait afin que les deux couches ne se mélangent pas.
3. Dans une casserole épaisse, faites chauffer le lait, ½ tasse de sucre et la vanille. Sans cessez de remuer, ajoutez les 4 cuillerées à soupe de fécule de maïs qui restent jusqu'à ce que le mélange épaississe ; il doit avoir la consistance d'une sauce.
4. Versez doucement le lait sur les poudings à l'orange. Voir la photo. Réfrigérez pendant 4-5 heures ou toute la nuit.
5. Avant de servir, placez une assiette de service au dessus d'un bol et renversez. Retirez le bol. Le pouding à l'orange doit être au-dessus. Faites la même chose avec les autres bols.
6. Servez froid.

Pour 7 personnes

Gâteau au chocolat

Ingrédients
2 œufs, séparez les jaunes des blancs d'oeufs
1 cuillerée à thé de vanille
2 ¼ tasses de farine
1 2/3 tasse de sucre
1/3 tasse de poudre de cacao
1 ¼ cuillerée à thé de bicarbonate de soude
1 cuillerée à thé de poudre à pâte
1 ¼ tasse d'eau
¾ tasse de Crisco ou d'huile végétale

Garniture :
2 tasses de framboises fraîches ou de fraises coupées mélangées avec 1 cuillerée à soupe de sucre et légèrement réduites en purée.

Décoration :
4 tasses de crème fouettée
10 cerises au marasquin

Préparation
1. Préchauffez le four à 375 F.
2. Dans un bol, fouettez les blancs d'œufs et la vanille jusqu'à ce que des pics se forment.
3. Tamisez les ingrédients secs et mettez-les dans un bol.
4. Ajoutez l'eau, l'huile et les jaunes d'œuf. À l'aide d'un mélangeur électrique fouettez pendant 1 minute à vitesse lente ou utilisez une cuillère en bois.
5. Incorporez lentement les blancs d'œufs dans le mélange. Mélangez bien.
6. Versez le mélange dans 2 moules beurrés de 8 po.
7. Faites cuire sur la grille du centre pendant 15 minutes ou jusqu'à ce qu'un couteau inséré au milieu ressorte propre.
8. Retirez le gâteau du four. Laissez reposer pendant 10 minutes et démoulez. Laissez refroidir sur une grille jusqu'à ce que le gâteau soit à la température ambiante.
9. Disposez la purée de fruits sur le premier gâteau. Ajoutez le deuxième gâteau par-dessus.

10. Étalez la crème fouettée sur les côtés et sur le dessus du gâteau.
11. Laissez refroidir pendant 2 heures avant de servir. Décorez avec les cerises au marasquin.

Gâteau roulé

Ingrédients
4 jaunes d'œufs
¾ tasse de sucre
1 cuillerée à thé de vanille
¾ tasse de farine
¾ cuillerée à soupe de poudre à pâte
½ cuillerée à thé sel
4 blancs d'œufs
½ tasse de confiture de fraises
½ tasse de noix (facultatif)

Note : Au lieu d'utiliser la confiture, vous pouvez garnir avec de la crème glacée, de la crème fouettée, ou une tartinade au chocolat telle que le Nutella.

Préparation
1. Préchauffez le four à 375 F.
2. Dans un grand bol, fouettez les jaunes d'œufs, le sucre et la vanille jusqu'à ce que le mélange soit lisse.
3. Dans un bol séparé, tamisez la farine, la poudre à pâte et le sel.
4. Ajoutez graduellement la farine tamisée au mélange d'œufs et de sucre.
5. Dans un autre bol, fouettez les blancs d'œufs jusqu'à ce qu'ils soient fermes ; versez-les dans le mélange.
6. Beurrez un moule rectangulaire de 13x9x2 po ; versez le mélange et faites cuire pendant 13 minutes.
7. Entre temps, coupez un papier parchemin un peu plus grand que le gâteau et parsemez de sucre en poudre.
8. Enlevez le gâteau du four et décollez le gâteau immédiatement à l'aide d'une spatule ou d'un couteau. Note : Le gâteau collera si vous le laissez dans le moule.
9. Renversez le moule sur le papier parchemin ; coupez l'excédent de papier. Roulez le gâteau à l'intérieur du moule pour former une bûche. Réfrigérez pendant 1 heure. Note : Si vous utilisez de la crème glacée comme garniture, mettez le gâteau au congélateur pendant 5 heures avant de servir.

10. Déroulez le gâteau et étalez la confiture sur le gâteau. Roulez le gâteau de nouveau sans utiliser de papier parchemin cette fois-ci. Réfrigérez au moins 2 heures.
11. Servez froid.

Pour 12 personnes

Pouding au lait caramélisé à la poitrine de poulet
Tabuk Gogsu Kazandibi
Empire Ottoman

Ingrédients
½ lb de poitrine de poulet
4 cuillerées à soupe de farine de maïs fine
3 tasses de lait à la température ambiante
1 tasse de crème 11,5 %
¼ cuillerée à thé de sel
¾ tasse de sucre

Préparation

1. Versez 2 tasses d'eau dans une casserole et ajoutez les poitrines de poulet ; amenez à ébullition à feu moyen-élevé, en enlevant l'écume qui se forme. Diminuez le feu et laissez mijoter jusqu'à ce que le poulet soit cuit. Égouttez et effilochez le poulet en fines lanières.
2. Dans un bol, mélangez la farine de maïs et 1 tasse de lait.
3. Versez les 2 tasses de lait qui restent dans une casserole. Ajoutez la crème 11,5 %, le sel et le sucre. Amenez à ébullition à feu moyen ; remuez constamment. Retirez du feu.
4. Ajoutez lentement le mélange de farine de maïs et de lait dans la casserole, remuez constamment.
5. Laissez mijoter à feu moyen-doux jusqu'à ce que le mélange commence à épaissir, remuez constamment afin d'éviter que le mélange ne colle. Poursuivez la cuisson jusqu'à ce que le pouding ait une consistance très épaisse pendant 20-25 minutes.
6. Retirez du feu et ajoutez les lanières de poulet.
7. Préchauffez une poêle à frire à fond épais à feu moyen-doux.
8. Pour caraméliser le pouding, versez-le dans la poêle, laissez reposer sans remuer pendant 10-15 minutes.
9. Retirez du feu, laissez refroidir dans la poêle. Une fois refroidi, coupez le pouding en rectangles et roulez les rectangles afin de former des bûches.
10. Servez à la température ambiante ou légèrement froid.

Pour 6 personnes

Boissons

L'eau de Zam Zam

Une année, Hajjah Naziha est allée faire le pèlerinage à la Mecque avec sa mère Hajjah Amina et ses deux belles-sœurs. Quand elles arrivèrent à la Mecque, elles étaient tellement fatiguées qu'elles durent s'asseoir afin de se reposer. Quelqu'un leur apporta de l'eau de Zam Zam afin qu'elles se désaltèrent. Hajjah Naziha raconta comment elle s'est sentie toute suite revigorée et pleine d'énergie pour accomplir son Hajj.

Café arabe
Moyen-Orient

Ce café est servi après des repas copieux ; surtout en après-midi après un grand déjeuner. Pour préparer ce café, vous aurez besoin d'un ensemble de tasses de café et d'une cafetière arabe de préférence. Les tasses et la cafetière sont disponibles dans les épiceries méditerranéennes. Sinon, vous pouvez utiliser des tasses d'espresso et une petite casserole avec un bec verseur pour préparer le café.

Ingrédients
Café arabe
Eau
Graines de cardamome (facultatif)
Sucre
Eau de fleur d'oranger (facultatif)

Préparation

1. Pour chaque personne, mesurez 1 petite tasse de café remplie d'eau que vous versez dans la cafetière. Par exemple, pour 3 personnes, remplissez d'eau 3 petites tasses de café et versez l'eau dans la cafetière arabe. Si vous le souhaitez, ajoutez 2-3 graines de cardamome dans l'eau. Elles apportent au café un beau parfum et un bel arôme.
2. Pour un café sucré, ajoutez 1 ½ cuillerée à thé de sucre pour chaque tasse d'eau. Pour un café moyennement sucré, ajoutez ½ cuillerée à thé de sucre pour chaque tasse d'eau. Pour un café amer, n'ajoutez pas de sucre.
3. Mélangez le sucre jusqu'à ce qu'il soit complètement dissout. Amenez l'eau et le sucre à ébullition à feu moyen-élevé.
4. Lorsque l'eau commence à bouillir, retirez du feu la cafetière. Ajoutez 1 cuillerée à thé de café par tasse et remettez sur le feu. Quand le mélange arrive à ébullition, retirez du feu immédiatement. Une mousse se forme rapidement à la surface quand le café commence à bouillir, surveillez afin que le café ne se renverse pas. Note : Il est plus facile d'utiliser une cuillère à thé longue pour ajouter le sucre, car votre main est loin du feu, mais vous pouvez aussi utiliser une cuillère régulière.
5. Mélangez la mousse afin d'éclater les bulles et la diminuer. En général, les Arabes n'aiment pas la mousse dans leur café.
6. Remettez la cafetière sur le feu et retirez quand le café commence à bouillir ; remuez pour diminuer la mousse.
7. Si vous le souhaitez, ajoutez quelques gouttes d'eau de fleur d'oranger dans chaque tasse de café avant de verser le café dans les tasses.
8. Versez le café dans chaque tasse, versez-en un peu dans chaque tasse afin d'éviter que le marc ne descende au fond de la tasse. La meilleure partie du café est le dessus et la pire est le marc.

Servez chaud.

www.ingramcontent.com/pod-product-compliance
Lightning Source LLC
Chambersburg PA
CBHW041111070526
44584CB00002B/133